Max Lüscher
Lüscher-Diagnostik

Max Lüscher

Lüscher-Diagnostik

Der ehrliche Blick ins Innere

ECON Verlag
Düsseldorf · Wien · New York · Moskau

Die 7 Lüscher-Farben und die 7 Lüscher-Formen sind urheberrechtlich geschützt. Verletzungen des Copyrights © 1993 werden strikt verfolgt.

Die Deutsche Bibliothek – CIP-Einheitsaufnahme

Lüscher, Max:
Lüscher-Diagnostik: Der ehrliche Blick ins Innere / Max Lüscher. – Düsseldorf; Wien; New York; Moskau: ECON Verl., 1993
ISBN 3-430-16231-9

Umschlaggestaltung: Edgar Küng, Luzern
Gesetzt aus der Palatino, Linotype
Satz: Formsatz GmbH, Diepholz
Papier: Papierfabrik Schleipen GmbH, Bad Dürkheim
Druck und Bindearbeiten: Ebner Ulm
Printed in Germany
ISBN 3-430-16231-9

Inhalt

Die speziellen Lüscher-Farben

Die speziellen Lüscher-Farben sind während fünfjähriger Experimente an Jugendlichen und Erwachsenen, an Gesunden und an Patienten in zahlreichen Kliniken unter 4565 Versuchsfarben ausgewählt worden.
Darum ist es zweckmäßig, sich an diese besonderen Farbtöne zu halten. Man darf sich nicht andere »schönere« vorstellen.
Betrachten Sie die Farben möglichst bei Tageslicht, aber nicht in greller Sonne. Auch sehr helles, dem Tageslicht ähnliches Lampenlicht ist möglich.

Anleitung zur Auswertung der Farb- und Formkärtchen

1. Legen Sie die sieben Farbkärtchen vor sich hin.
   Welche Farbe gefällt Ihnen

	am besten	am zweitbesten	am wenigsten?
Farben z. B.:	3 **2**	2 **5**	4 **3**

   Lesen Sie bei der entsprechenden Ziffernfolge im Abschnitt FARBEN nach.

2. Legen Sie die sieben Formkärtchen vor sich hin.
   Welche Form gefällt Ihnen

	am besten	am zweitbesten	am wenigsten?
Formen z. B.:	3 **2**	4 **3**	2 **6**

   Lesen Sie bei der entsprechenden Ziffernfolge im Abschnitt FORMEN nach.

3. Die nachfolgende Möglichkeit der Auswertung »OBEN« oder »UNTEN« weist auf einen inneren Widerspruch hin zwischen Bedürfnis und Absicht (»Herz und Verstand«).
   Entfällt die Möglichkeit, besteht kein Widerspruch.

   Plazieren Sie Ihre drei Formkärtchen nun unter den drei Farbkärtchen. Tauschen Sie dann die beiden Kärtchen rechts außen (»am wenigsten«) gegeneinander aus (z. B. **4** gegen **2**).

   Wenn jetzt oben zweimal die gleiche Ziffer vorkommt (z. B. **2**), dann lesen Sie bei dieser Ziffer in Abschnitt OBEN nach.

Wenn jetzt unten zweimal die gleiche Ziffer vorkommt (z. B. 4), dann lesen Sie bei dieser Ziffer in
Abschnitt UNTEN nach.

4. Die nachfolgende Möglichkeit der Auswertung
   »RECHTS« oder »LINKS« weist auf einseitige oder
   übersteigerte Tendenzen.
   Entfällt die Möglichkeit, besteht kein Hinweis auf
   solche Streß- oder Konflikttendenzen.

Wenn die beiden Ziffern rechts außen (unten und
oben) gleich sind, dann lesen Sie bei dieser Ziffer in
Abschnitt RECHTS nach.

Wenn die beiden Ziffern links außen (unten und oben)
gleich sind (z. B. 3), dann lesen Sie bei dieser Ziffer in
Abschnitt LINKS nach.

Zahlencode:
Zur besseren Übersicht ist die letzte der drei Ziffern
kleiner.

1
Auswertung der drei gewählten Farben

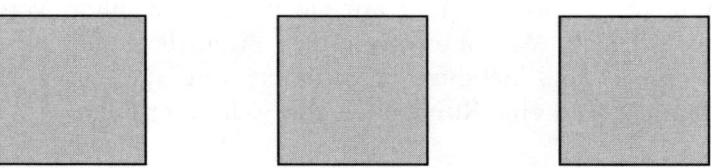

FARBEN 01₂

Ihre Motive, Gefühle und Bedürfnisse

Findet zuviel erdulden zu müssen. Will sich gegen ermüdende Auseinandersetzungen abschirmen.
Verbirgt aber hinter einem gefälligen Verhalten eigenwillige Ansprüche. Will auf sie nicht verzichten. Verwöhnt sich. Weicht notwendigen Anforderungen aus, wenn sie als Einengung empfunden werden.
Braucht jetzt eine Ruhepause, um sich zu erholen.

FARBEN 01₃

Ihre Motive, Gefühle und Bedürfnisse

Hat Schwierigkeiten, sich in einer als wesentlich empfundenen Absicht erfolgreich durchzusetzen. Fühlt sich durch die aufreibenden und überfordernden Umstände ermüdet und in der eigenen Kraft zur Zeit geschwächt. Braucht Entspannung,˜Ruhe und friedliche Beziehungen. Will sich abschirmen, um sich erholen zu können.

FARBEN 01₄

Ihre Motive, Gefühle und Bedürfnisse

Macht sich Sorgen wegen eines Verlustes oder einer Enttäuschung. Schützt sich durch Anpassung, Entgegenkommen und Friedfertigkeit gegen Zurückweisungen.
Braucht eine Ruhepause und scheut Veränderungen.

FARBEN 01₅

Ihre Motive, Gefühle und Bedürfnisse

Will sich gegen aufreibende und ermüdende Auseinandersetzungen abschirmen. Braucht Entspannung, Ruhe und friedliche Beziehungen, um sich erholen zu können. Ist in den hochgesteckten Erwartungen enttäuscht worden und ist dadurch ernüchtert. Beobachtet feinfühlig und kritisch. Ist deshalb wählerisch.
Hält die Empfindlichkeit und Sensibilität unter Kontrolle.
Empfindet eigene starke Gefühlserregungen als bedrängend. Bleibt darum bei Gefühlsbeziehungen oftmals beobachtend. Die sonst kontrollierten Gefühle werden mit Vorliebe in ausgeprägter ästhetischer Empfindsamkeit ausgelebt.

FARBEN 01₆

Ihre Motive, Gefühle und Bedürfnisse

Will sich jetzt gegen aufreibende und ermüdende Auseinandersetzungen abschirmen. Braucht Entspannung, Ruhe und friedliche Beziehungen, um sich erholen zu können.
Will aber als Persönlichkeit respektiert werden. Will sich bewähren und den Anforderungen gewachsen sein. Gibt darum dem Bedürfnis nach Genuß und nach entspannter Behaglichkeit nur dann nach, wenn es die Umstände erlauben.

FARBEN 02 1

Ihre Motive, Gefühle und Bedürfnisse

Lehnt die bestehende Situation aus Unzufriedenheit entschieden ab. Fühlt sich nicht verstanden. Will sich gegen Widrigkeiten und demütigende Umstände abschirmen. Isoliert sich. Begibt sich in eine Festung und igelt sich ein, um sich zu verteidigen und sich keinen Angriffen aussetzen zu müssen.

FARBEN 02 3

Ihre Motive, Gefühle und Bedürfnisse

Fühlt sich jetzt angegriffen und verkannt. Will sich gegen Widrigkeiten und überfordernde Umstände abschirmen.
Begibt sich in eine Festung, um sich zu behaupten und sich gegen Auseinandersetzungen zu schützen.

FARBEN 02 4

Ihre Motive, Gefühle und Bedürfnisse

Macht sich Sorgen wegen eines Verlustes oder einer Enttäuschung. Ist gehemmt. Hat Angst vor Zurückweisungen und fühlt sich verkannt.
Will sich gegen Widrigkeiten und demütigende Umstände abschirmen. Nimmt eine Verteidigungshaltung ein. Begibt sich in eine Festung und igelt sich ein, um sich nicht irritieren und nicht unsicher machen zu lassen.

FARBEN 0 2 5

Ihre Motive, Gefühle und Bedürfnisse

Möchte sich gegen Widrigkeiten und demütigende Umstände abschirmen, um sich nicht irritieren und nicht unsicher machen zu lassen. Nimmt eine Verteidigungshaltung ein.
Ist in den hochgesteckten Erwartungen enttäuscht worden und ist dadurch ernüchtert. Beobachtet feinfühlig und kritisch. Ist deshalb wählerisch. Hält die Empfindlichkeit und Sensibilität unter Kontrolle. Empfindet eigene starke Gefühlserregungen als bedrängend. Bleibt darum bei Gefühlsbeziehungen oftmals beobachtend und distanziert.

FARBEN 0 2 6

Ihre Motive, Gefühle und Bedürfnisse

Möchte sich gegen Widrigkeiten und demütigende Umstände abschirmen, um sich nicht irritieren und nicht unsicher machen zu lassen. Nimmt eine Verteidigungshaltung ein.
Will aber als Persönlichkeit respektiert werden. Will sich deshalb bewähren und den Anforderungen gewachsen sein. Gibt darum dem Bedürfnis nach Genuß und nach entspannter Behaglichkeit nur dann nach, wenn es die Umstände erlauben.

FARBEN 03 1

Ihre Motive, Gefühle und Bedürfnisse

Entbehrt eine vertraute und befriedigende Zusammengehörigkeit. Ist dadurch innerlich isoliert und nicht zufrieden.

Verbirgt die eigenen Ansprüche und Forderungen hinter einer scheinbar sachlichen Argumentation und einem behutsamen Auftreten. Will einen wirkungsvollen Erfolg erreichen. Versteht es aber, ihn diplomatisch zu verstecken und die Ansprüche zu tarnen.

FARBEN 03 2

Ihre Motive, Gefühle und Bedürfnisse

Fühlt sich in den überspannten Ansprüchen behindert. Will aber nicht verzichten, sondern den eigenen Willen durchsetzen.

Will einen wirkungsvollen Erfolg erreichen. Versteht es, ihn diplomatisch zu verstecken und die Ansprüche zu tarnen. Verbirgt die eigenen Ansprüche und Forderungen hinter einer scheinbar sachlichen Argumentation und einem behutsamen Auftreten.

FARBEN 03 4

Ihre Motive, Gefühle und Bedürfnisse

Hat heimlich Angst vor blamierender Zurückweisung und ist gehemmt. Verbirgt deshalb die eigenen Ansprüche und Forderungen hinter einer scheinbar sachlichen Argumentation und einem behutsamen Auftreten.

Will jedoch einen wirkungsvollen Erfolg erreichen. Versteht es aber, ihn diplomatisch zu verstecken und die Ansprüche zu tarnen.

FARBEN 03 5

Ihre Motive, Gefühle und Bedürfnisse

Ist in den hochgesteckten Erwartungen enttäuscht worden und ist dadurch ernüchtert. Beobachtet feinfühlig und kritisch. Ist deshalb wählerisch. Hält die Empfindlichkeit und Sensibilität unter Kontrolle. Empfindet eigene starke Gefühlserregungen als bedrängend. Bleibt darum bei Gefühlsbeziehungen oftmals beobachtend und distanziert.
Will aber einen wirkungsvollen Erfolg erreichen. Versteht es, die eigenen Forderungen hinter einem behutsamen Auftreten und einer scheinbar sachlichen Argumentation diplomatisch zu verbergen und die Ansprüche zu tarnen.

FARBEN 03 6

Ihre Motive, Gefühle und Bedürfnisse

Will als Persönlichkeit respektiert werden. Will sich bewähren und den Anforderungen gewachsen sein. Gibt darum dem Bedürfnis nach Genuß und nach entspannter Behaglichkeit nur dann nach, wenn es die Umstände erlauben.
Will einen wirkungsvollen Erfolg erreichen. Versteht es aber, die eigenen Forderungen hinter einem behutsamen Auftreten und einer scheinbar sachlichen Argumentation diplomatisch zu verbergen und die Ansprüche zu tarnen.

FARBEN 041

Ihre Motive, Gefühle und Bedürfnisse

Entbehrt eine vertraute und befriedigende Zusammengehörigkeit. Ist innerlich isoliert, unerfüllt und daher ruhelos.
Schirmt sich aber gegen eine Klärung der persönlichen Probleme ab. Empfindet sie zwar als irritierende Unannehmlichkeiten. Entflieht ihnen jedoch und banalisiert sie. Erwartet, daß sich die Probleme in Zukunft irgendwie lösen werden.

FARBEN 042

Ihre Motive, Gefühle und Bedürfnisse

Fühlt sich in den eigenen Ansprüchen behindert. Will aber darauf nicht verzichten, sondern nach freiem Belieben leben.
Schirmt sich deshalb gegen Beeinflussung und gegen eine Klärung der persönlichen Probleme ab. Empfindet sie zwar als irritierende Belastung. Entflieht ihnen aber und banalisiert sie. Erwartet, daß sich die Probleme in Zukunft irgendwie lösen werden.

FARBEN 043

Ihre Motive, Gefühle und Bedürfnisse

Sieht sich nicht in der Lage, sich in einer als wesentlich empfundenen Absicht erfolgreich durchsetzen zu können. Findet die bestehende Situation schwererträglich.
Dadurch ist das Vertrauen in die eigene Kraft geschwächt.
Schirmt sich aber gegen eine Klärung der persönlichen Probleme ab. Empfindet sie zwar als irritierende Unan-

nehmlichkeiten. Entflieht ihnen jedoch. Erwartet, daß sich die Probleme in Zukunft irgendwie lösen werden.

FARBEN 04 5

Ihre Motive, Gefühle und Bedürfnisse

Ist in den hochgesteckten Erwartungen enttäuscht worden und dadurch ernüchtert. Beobachtet feinfühlig und kritisch. Ist deshalb wählerisch. Hält die Empfindlichkeit und Sensibilität unter Kontrolle. Empfindet eigene starke Gefühlserregungen als bedrängend. Bleibt darum bei Gefühlsbeziehungen oftmals beobachtend und distanziert.
Schirmt sich gegen eine Klärung der persönlichen Probleme ab. Empfindet sie zwar als irritierende Unannehmlichkeiten. Entflieht ihnen aber und erwartet, daß sich die Probleme in Zukunft irgendwie lösen werden.

FARBEN 04 6

Ihre Motive, Gefühle und Bedürfnisse

Will als Persönlichkeit respektiert werden. Will sich bewähren und den Anforderungen gewachsen sein. Gibt darum dem Bedürfnis nach Genuß und nach entspannter Behaglichkeit nur dann nach, wenn es die Umstände erlauben.
Schirmt sich gegen eine Klärung der persönlichen Probleme ab. Empfindet sie zwar als irritierende Unannehmlichkeiten. Entflieht ihnen aber und erwartet, daß sich die Probleme in Zukunft irgendwie lösen werden.

FARBEN 051

Ihre Motive, Gefühle und Bedürfnisse

Findet, es fehle an feinfühlender Resonanz. Ist innerlich isoliert und unerfüllt. Bezweifelt, ob der andere das erforderliche einfühlsame Verständnis hat. Entbehrt eine vertrauensvolle Zugehörigkeit. Verfolgt die eigenen Interessen deshalb mit behutsamer Vorsicht. Hält es für zweckmäßig, sich abzuschirmen und sich zu distanzieren. Geht diplomatisch abtastend vor. Bleibt unverbindlich und macht auf andere den Eindruck, undurchsichtig zu sein.

FARBEN 052

Ihre Motive, Gefühle und Bedürfnisse

Fühlt sich in den eigenen Ansprüchen behindert. Will aber nicht verzichten, sondern nach eigenem Belieben leben.
Verfolgt die eigenen Interessen mit behutsamer Vorsicht und wachsamer Wendigkeit.
Hält es für zweckmäßig, sich abzuschirmen und sich zu distanzieren. Geht diplomatisch abtastend vor. Bleibt unverbindlich und macht auf andere den Eindruck, undurchsichtig zu sein.

FARBEN 053

Ihre Motive, Gefühle und Bedürfnisse

Sieht sich nicht in der Lage, sich in einer als wesentlich empfundenen Absicht erfolgreich durchsetzen zu können. Findet die bestehende Situation schwererträglich. Dadurch ist das Vertrauen in die eigene Kraft geschwächt. Findet, es fehle an Verständnis und an feinfühlender Resonanz. Verfolgt die eigenen Interessen deshalb mit behutsamer Vorsicht. Hält es für zweckmäßig, sich abzuschirmen und sich zu distanzieren. Geht diplomatisch abtastend vor. Bleibt unverbindlich und macht auf andere den Eindruck, undurchsichtig zu sein.

FARBEN 05 4

Ihre Motive, Gefühle und Bedürfnisse

Ist gehemmt. Hat heimlich Angst vor blamierender Zurückweisung. Bezweifelt, ob der andere das erforderliche einfühlsame Verständnis hat. Findet, es fehle an feinfühlender Resonanz.
Verfolgt die eigenen Interessen deshalb mit behutsamer Vorsicht. Hält es für zweckmäßig, sich abzuschirmen und sich zu distanzieren. Geht diplomatisch abtastend vor. Bleibt unverbindlich und macht auf andere den Eindruck, undurchsichtig zu sein.

FARBEN 05 6

Ihre Motive, Gefühle und Bedürfnisse

Hält sich zwar zurück und verbirgt die Gedanken und Gefühle. Hofft aber trotzdem, feinfühlig verstanden zu werden. Wünscht sich eine rücksichtsvolle und zärtlich einfühlsame Übereinstimmung.
Will als Persönlichkeit respektiert werden. Will sich bewähren und den Anforderungen gewachsen sein. Gibt darum dem Bedürfnis nach Genuß und nach entspannter Behaglichkeit nur dann nach, wenn es die Umstände erlauben.

FARBEN 06 1

Ihre Motive, Gefühle und Bedürfnisse

Hat durch bestimmte Umstände die ruhige Gelassenheit und das Gefühl der Zugehörigkeit verloren. Ist dadurch innerlich isoliert.

Will sich deshalb gegen weitere, aufreibende Probleme, gegen zermürbende Konflikte und gegen deprimierende Belastungen abschirmen. Möchte den inneren Spannungszustand betäuben. Sehnt sich nach problemfreier Behaglichkeit und körperlicher Erholung.

FARBEN 06 2

Ihre Motive, Gefühle und Bedürfnisse

Fühlt sich durch die Umstände in den eigenen Ansprüchen behindert. Hält die künftige Entwicklung für fragwürdig.

Will sich deshalb gegen aufreibende Probleme, gegen zermürbende Konflikte und gegen deprimierende Belastungen abschirmen. Möchte den inneren Spannungszustand betäuben. Sehnt sich nach problemfreier Behaglichkeit und körperlicher Erholung.

FARBEN 06 3

Ihre Motive, Gefühle und Bedürfnisse

Hat große Schwierigkeiten, sich in einer als wesentlich empfundenen Absicht erfolgreich durchzusetzen.

Dadurch ist das Vertrauen in die eigene Kraft geschwächt. Ist ermüdet.

Will sich deshalb gegen aufreibende Probleme, gegen zermürbende Konflikte und gegen deprimierende Belastungen abschirmen. Möchte den inneren Spannungszustand betäuben. Sehnt sich nach problemfreier Behaglichkeit und körperlicher Erholung.

FARBEN 06 4

Ihre Motive, Gefühle und Bedürfnisse

Ist bedrückt und besorgt oder enttäuscht. Hält die künftige Entwicklung für fragwürdig. Will sich deshalb gegen aufreibende Probleme, gegen zermürbende Konflikte und gegen deprimierende Belastungen abschirmen. Möchte den inneren Spannungszustand betäuben. Sehnt sich nach problemfreier Behaglichkeit und körperlicher Erholung.

FARBEN 06 5

Ihre Motive, Gefühle und Bedürfnisse

Will sich gegen aufreibende Probleme, gegen zermürbende Konflikte und gegen deprimierende Belastungen abschirmen und den inneren Spannungszustand betäuben. Sehnt sich nach problemfreier Behaglichkeit und körperlicher Erholung.
Ist in den Erwartungen enttäuscht worden und dadurch ernüchtert. Beobachtet die Verhältnisse kritisch, um sich zu schützen. Bleibt darum auch bei Gefühlsbeziehungen oftmals beobachtend und distanziert.

FARBEN 10 2

Ihre Motive, Gefühle und Bedürfnisse

Möchte sich von den erschöpfenden Spannungen erholen. Möchte sich nicht ärgern müssen und keine Auseinandersetzungen haben. Sehnt sich nach rücksichtsvoller Ruhe und nach konfliktfreier Harmonie. Hat den dringenden Wunsch nach Verhältnissen, die Ruhe und Befriedigung bieten, um sich dabei wohl, zufrieden und zu Hause fühlen zu können.

Stellt aber eigenwillige Ansprüche. Will auf sie nicht verzichten, sondern nach eigenem Belieben leben können. Weicht notwendigen Bedingungen aus, wenn sie als Hemmnis empfunden werden und umgeht solche Behinderungen.

FARBEN 10 3

Ihre Motive, Gefühle und Bedürfnisse

Findet es schwierig, die begehrte Absicht erfolgreich durchzusetzen. Ist durch diese aufreibenden Umstände oder Zumutungen überfordert.

Dadurch ist auch das Vertrauen in die eigene Kraft geschwächt.

Möchte sich von den erschöpfenden Spannungen erholen. Möchte sich nicht ärgern müssen und keine Auseinandersetzungen haben. Sehnt sich nach rücksichtsvoller und konfliktfreier Harmonie. Hat den dringenden Wunsch nach Verhältnissen, die Ruhe und Befriedigung bieten, um sich dabei wohl, zufrieden und zu Hause fühlen zu können.

FARBEN **10**4

Ihre Motive, Gefühle und Bedürfnisse

Möchte sich von den erschöpfenden Spannungen erholen. Möchte sich nicht ärgern müssen und keine Auseinandersetzungen haben. Sehnt sich nach rücksichtsvoller und konfliktfreier Harmonie. Hat den dringenden Wunsch nach Verhältnissen, die Ruhe und Befriedigung bieten, um sich dabei wohl, zufrieden und zu Hause fühlen zu können.
Macht sich aber Sorgen aus Angst vor Enttäuschung, vor blamierender Zurückweisung und davor, die Sicherheit zuverlässiger Beziehungen oder einer Bindung entbehren zu müssen.

FARBEN **10**5

Ihre Motive, Gefühle und Bedürfnisse

Ist in den Erwartungen enttäuscht worden und dadurch ernüchtert. Beobachtet die Verhältnisse kritisch.
Möchte sich gegen die eigene Empfindlichkeit schützen. Empfindet darum eigene starke Gefühlserregungen als bedrängend. Bleibt deswegen besonders bei Gefühlsbeziehungen oftmals beobachtend und distanziert.
Möchte sich von den erschöpfenden Spannungen erholen. Will sich nicht ärgern müssen und keine Auseinandersetzungen haben. Sehnt sich nach rücksichtsvoller und konfliktfreier Harmonie. Hat den dringenden Wunsch nach Verhältnissen, die Ruhe und Befriedigung bieten, um sich dabei wohl, zufrieden und zu Hause fühlen zu können.

FARBEN 10 6

Ihre Motive, Gefühle und Bedürfnisse

Möchte sich von den erschöpfenden Spannungen erholen. Möchte sich nicht ärgern müssen und keine Auseinandersetzungen haben. Sehnt sich nach rücksichtsvoller und konfliktfreier Harmonie. Hat den dringenden Wunsch nach Verhältnissen, die Ruhe und Befriedigung bieten, um sich dabei wohl, zufrieden und zu Hause fühlen zu können.

Will aber auch als Persönlichkeit respektiert werden. Will den Anforderungen gewachsen sein. Gibt darum dem Bedürfnis nach Genuß und nach entspannter Behaglichkeit nur dann nach, wenn es die Umstände erlauben.

FARBEN **12**0

Ihre Motive, Gefühle und Bedürfnisse

Will die Situation und die übernommene Aufgabe durch genaues Vorgehen und sachlich begründete Überlegenheit meistern. Empfindet und beobachtet kleine Unterschiede und feine Einzelheiten. Besitzt ein sensibles Feingefühl für Gerechtigkeit.

Kann sich stark engagieren, aber sich deshalb zuweilen auch unnötig einmischen. Wird besonders dann ungeduldig, wenn der andere unzuverlässig ist.

FARBEN **12**3

Ihre Motive, Gefühle und Bedürfnisse

Hat Schwierigkeiten, sich in einer als wesentlich empfundenen Absicht erfolgreich durchzusetzen.

Dadurch ist das Vertrauen in die eigene Kraft geschwächt. Strebt deshalb nach Beständigkeit, um sich gesichert zu fühlen.

Erwartet, rücksichtsvoll beachtet und als Persönlichkeit respektiert und gewürdigt zu werden. Ist gegen Unaufmerksamkeit, Respektlosigkeit und Ungerechtigkeit empfindlich.

Nimmt zur Umwelt eine beobachtende Haltung ein. Bemüht sich, die Situation und die übernommene Aufgabe durch abwägendes Urteilen und behutsames Vorgehen zu meistern.

Beobachtet feine Einzelheiten. Besitzt ein sensibles Feingefühl für Gerechtigkeit und für ästhetische Empfindungen.

FARBEN 12₄

Ihre Motive, Gefühle und Bedürfnisse

Möchte die Sicherheit einer zuverlässigen Bindung haben. Strebt deshalb nach Beständigkeit und einem festen Halt.
Erwartet, als Persönlichkeit rücksichtsvoll respektiert und gewürdigt zu werden. Ist gegen Unaufmerksamkeit, Respektlosigkeit und Ungerechtigkeit empfindlich. Nimmt zur Umwelt eine beobachtende Haltung ein. Bemüht sich, die Situation und die übernommene Aufgabe durch abwägendes Urteilen und behutsames Vorgehen zu meistern. Beobachtet feine Einzelheiten. Besitzt ein sensibles Feingefühl für Gerechtigkeit und für ästhetische Empfindungen.

FARBEN 12₅

Ihre Motive, Gefühle und Bedürfnisse

Will die Situation und die übernommene Aufgabe durch kritisch-behutsames Vorgehen und durch sachlich begründete Überlegenheit meistern. Empfindet und beobachtet kleine Unterschiede und feine Einzelheiten. Besitzt ein sensibles Feingefühl für Gerechtigkeit.
Ist aber in den hochgesteckten Erwartungen enttäuscht worden und ist dadurch ernüchtert.
Beobachtet feinfühlig und kritisch. Ist deshalb wählerisch. Hält die Empfindlichkeit und Sensibilität unter Kontrolle. Empfindet eigene starke Gefühlserregungen als bedrängend. Bleibt darum bei Gefühlsbeziehungen oftmals beobachtend. Die kontrollierten Gefühle werden mit Vorliebe in ausgeprägter ästhetischer Empfindsamkeit ausgelebt.

Ihre Motive, Gefühle und Bedürfnisse

Will die Situation und die übernommene Aufgabe durch behutsames Vorgehen und durch sachlich begründete Überlegenheit meistern. Empfindet und beobachtet kleine Unterschiede und feine Einzelheiten. Besitzt ein sensibles Feingefühl für Gerechtigkeit.

Will als Persönlichkeit respektiert werden. Will sich bewähren und den Anforderungen gewachsen sein.

Gibt darum dem Bedürfnis nach Genuß und nach entspannter Behaglichkeit nur dann nach, wenn es die Umstände erlauben.

FARBEN 13₀

Ihre Motive, Gefühle und Bedürfnisse

Empfindet eine liebevolle, als Gemeinschaft erlebte Verbundenheit zum Partner und zur Familie als Voraussetzung für Zufriedenheit und Harmonie. Wünscht sich daher kommunikative Beziehungen und eine Partnerschaft in einer friedvollen und innigen Verbundenheit, die eine zärtliche und gefühlvolle Befriedigung bietet.
Will auch intensiv erleben und kann sich stark engagieren.

FARBEN 13₂

Ihre Motive, Gefühle und Bedürfnisse

Entbehrt die Anerkennung, die als angemessen erwartet wird.
Benötigt deshalb eine starke Zuwendung. Legt großen Wert auf kommunikative Beziehungen. Empfindet eine liebevolle, als Gemeinschaft erlebte Verbundenheit zum Partner, zur Familie und zu den nahestehenden Menschen als Voraussetzung für Zufriedenheit und Harmonie.

FARBEN 13₄

Ihre Motive, Gefühle und Bedürfnisse

Benötigt die Sicherheit einer zuverlässigen Bindung. Strebt nach einer innigen Verbundenheit, um sich zugehörig zu fühlen. Legt daher großen Wert auf eine kommunikative Beziehung.
Empfindet liebevolle Zusammengehörigkeit mit dem Partner, der Familie und den nahestehenden Menschen als Voraussetzung für Zufriedenheit und Harmonie.

Ihre Motive, Gefühle und Bedürfnisse

Empfindet eine liebevolle, als Gemeinschaft erlebte Verbundenheit zum Partner und zur Familie als Voraussetzung für Zufriedenheit und Harmonie. Wünscht sich daher kommunikative Beziehungen und eine Partnerschaft in einer friedvollen und innigen Verbundenheit, die eine zärtliche und gefühlvolle Befriedigung bietet.
Stellt jedoch besonders an Gefühlsbeziehungen hochgesteckte Erwartungen. Beobachtet kritisch, ob sie erfüllt werden. Ist andernfalls enttäuscht.
Möchte sich gegen die eigene Empfindlichkeit schützen. Bleibt darum bei Gefühlsbeziehungen zuweilen beobachtend und wehrt sich dagegen, einer Schwärmerei zu verfallen.

Ihre Motive, Gefühle und Bedürfnisse

Empfindet eine liebevolle, als Gemeinschaft erlebte Verbundenheit zum Partner und zur Familie als Voraussetzung für Zufriedenheit und Harmonie. Wünscht sich daher kommunikative Beziehungen und eine Partnerschaft in einer friedvollen und innigen Verbundenheit, die eine zärtliche und gefühlvolle Befriedigung bietet.
Will als Persönlichkeit respektiert werden. Will den Anforderungen gewachsen sein.
Gibt darum dem Bedürfnis nach Genuß und nach entspannter Behaglichkeit nur dann nach, wenn es die Umstände erlauben.

FARBEN 14 0

Ihre Motive, Gefühle und Bedürfnisse

Wünscht sich eine rücksichtsvolle, konfliktfreie und gefühlvolle Beziehung. Erwartet auch vom anderen verständnisvolles Mitgehen und Mitfühlen und, daß er die Wünsche und Ansprüche großzügig respektiert.
Will Gefühle intensiv erleben.
Kann sich stark engagieren, aber sich deshalb zuweilen auch unnötig einmischen.

FARBEN 14 2

Ihre Motive, Gefühle und Bedürfnisse

Da die erwartete Anerkennung fehlt, besteht ein gesteigertes Bedürfnis nach einer gefühlvollen Liebesbeziehung. Wünscht sich eine rücksichtsvolle und konfliktfreie Beziehung.
Ist hilfsbereit und versucht sich anzupassen, um die erstrebte liebevolle Gemeinschaft zu verwirklichen. Erwartet auch vom anderen verständnisvolles Mitgehen und Mitfühlen und, daß er die Wünsche und Ansprüche großzügig respektiert. Hat ein ausgeprägtes ästhetisches Empfinden.

FARBEN 14 3

Ihre Motive, Gefühle und Bedürfnisse

14

Hat Schwierigkeiten, sich in einer als wesentlich empfundenen Absicht erfolgreich durchzusetzen. Dadurch ist das Vertrauen in die eigene Kraft geschwächt. Hat um so mehr ein starkes Bedürfnis nach einer gefühlvollen Liebesbeziehung. Wünscht sich eine rücksichtsvolle und konfliktfreie Beziehung. Ist hilfsbereit und versucht sich anzupassen, um die erstrebte liebevolle Gemeinschaft zu verwirklichen. Erwartet auch vom anderen verständnisvolles Mitgehen und Mitfühlen und, daß er die Wünsche und Ansprüche großzügig respektiert. Hat ein ausgeprägtes ästhetisches Empfinden.

FARBEN 14 5

Ihre Motive, Gefühle und Bedürfnisse

Wünscht sich eine rücksichtsvolle, konfliktfreie und gefühlvolle Beziehung.

Erwartet auch vom anderen verständnisvolles Mitgehen und Mitfühlen und, daß er die Wünsche und Ansprüche großzügig respektiert.

Stellt jedoch besonders an Gefühlsbeziehungen hochgesteckte Erwartungen. Beobachtet, ob sie erfüllt werden. Ist andernfalls rasch enttäuscht.

Möchte sich gegen die eigene Empfindlichkeit schützen. Empfindet darum eigene starke Gefühlserregungen als bedrängend. Bleibt deshalb bei Gefühlsbeziehungen zuweilen beobachtend und wehrt sich dagegen, einer Schwärmerei zu verfallen.

FARBEN **14**₆

Ihre Motive, Gefühle und Bedürfnisse

Wünscht sich eine rücksichtsvolle, konfliktfreie und gefühlvolle Beziehung.

Erwartet auch vom anderen verständnisvolles Mitgehen und Mitfühlen und, daß er die Wünsche und Ansprüche großzügig respektiert. Will als Persönlichkeit respektiert werden. Will sich bewähren und den Anforderungen gewachsen sein.

Gibt darum dem Bedürfnis nach Genuß und nach entspannter Behaglichkeit nur dann nach, wenn es die Umstände erlauben.

FARBEN 15o

Ihre Motive, Gefühle und Bedürfnisse

Hat ein starkes Bedürfnis nach verständnisvoller Resonanz, nach feinfühlender, intimer Vertrautheit, nach harmonischer Übereinstimmung und nach anschmiegsamer Zärtlichkeit.
Will intensiv erleben und kann sich stark engagieren.

FARBEN 152

Ihre Motive, Gefühle und Bedürfnisse

Entbehrt die Anerkennung, die als angemessen erwartet wird.
Möchte aber innere Einsamkeit vermeiden. Versucht, durch Einfühlsamkeit und gefälliges Wohlwollen Übereinstimmung zu finden. Sehnt sich nach reizvoller und feinfühlender Übereinstimmung, nach verständnisvoller und intimer Verliebtheit und Verbundenheit. Möchte rücksichtsvoll und mit Zartgefühl verstanden werden. Empfindet eine solche Beziehung als faszinierenden, idealen Harmoniezustand.
Gibt sich Interessen, welche die Gefühle ansprechen, beispielsweise psychologischen oder ästhetischen Interessen, mit empfindsamer Einfühlung und anhaltender Faszination hin.

FARBEN 153

Ihre Motive, Gefühle und Bedürfnisse

Bedauert, daß es nicht gelingt, die als wesentlich empfundene Absicht durchzusetzen. Empfindet diese Situation als mühselig, aufreibend und deprimierend. Hat in dieser Beziehung resigniert. Darum besteht jetzt ein besonders starkes Bedürfnis nach verständnisvoller Resonanz, nach harmonischer Übereinstimmung und anschmiegsamer Zärtlichkeit.

15

FARBEN 15 4

Ihre Motive, Gefühle und Bedürfnisse

Braucht die Sicherheit einer zuverlässigen Bindung, um Gefühle der Verlorenheit oder Enttäuschung abzuwehren.
Hat daher ein besonders starkes Bedürfnis nach harmonischer Übereinstimmung, einfühlsam feinfühliger Zusammengehörigkeit und anschmiegsamer Zärtlichkeit.

FARBEN 15 6

Ihre Motive, Gefühle und Bedürfnisse

Hat ein starkes Bedürfnis nach verständnisvoller Resonanz, nach feinfühlender, intimer Vertrautheit, nach harmonischer Übereinstimmung und nach anschmiegsamer Zärtlichkeit.
Will aber auch als Persönlichkeit respektiert werden. Will sich bewähren und den Anforderungen gewachsen sein. Gibt darum dem Bedürfnis nach Genuß und nach entspannter Behaglichkeit nur dann nach, wenn es die Umstände erlauben.

FARBEN 16 0

Ihre Motive, Gefühle und Bedürfnisse

Empfindet innere Isoliertheit und die deprimierenden Probleme als zermürbend und ermüdend.

Neigt dazu, Konfliktspannungen durch behagliche Sinnesempfindungen zu befriedigen.

Braucht Schonung, Rücksichtnahme und liebevolle Fürsorge. Fürchtet die Leere und Einsamkeit, welche eine Trennung mit sich bringt.

Will auf keinen Fall zu kurz kommen. Kann sich stark engagieren.

FARBEN 16 2

Ihre Motive, Gefühle und Bedürfnisse

Fühlt sich benachteiligt, da die eigenen Ansprüche an den Widerständen scheitern.

Empfindet die innere Isoliertheit und die deprimierenden Probleme als zermürbend und ermüdend. Darum besteht ein starkes Bedürfnis nach Verwöhnung und Befriedigung. Neigt dazu, Konfliktspannungen durch behagliche Sinnesempfindungen zu befriedigen.

Möchte eine konfliktlose Partnerschaft und Verbundenheit finden und nicht unter der Leere einer Trennung leiden müssen.

16

FARBEN 16 3

Ihre Motive, Gefühle und Bedürfnisse

Leidet unter den schwererträglichen Umständen. Ist dadurch überfordert. Sieht sich nicht in der Lage, sich in den als wesentlich empfundenen Absichten erfolgreich durchzusetzen. Dadurch ist das Selbstvertrauen geschwächt.

Empfindet die innere Isoliertheit und die deprimierenden Probleme als zermürbend und ermüdend.

Neigt dazu, Konfliktspannungen durch behagliche Sinnesempfindungen zu befriedigen. Möchte eine konfliktlose Partnerschaft und Verbundenheit finden und nicht unter der Leere einer Trennung leiden müssen.

FARBEN 16 4

Ihre Motive, Gefühle und Bedürfnisse

Braucht die Sicherheit einer Bindung als festen Halt. Empfindet die innere Isoliertheit und die deprimierenden Probleme als zermürbend und ermüdend.

Neigt dazu, Konfliktspannungen durch behagliche Sinnesempfindungen zu befriedigen.

Möchte eine konfliktlose Partnerschaft und Verbundenheit finden und nicht unter der Leere einer Trennung leiden müssen.

Ihre Motive, Gefühle und Bedürfnisse

Empfindet innere Isoliertheit und die deprimierenden Probleme als zermürbend und ermüdend.

Neigt dazu, Konfliktspannungen durch behagliche Sinnesempfindungen zu befriedigen.

Braucht Schonung, Rücksichtnahme und liebevolle Fürsorge. Fürchtet die Leere und Einsamkeit, welche eine Trennung mit sich bringt.

Stellt aber besonders an Gefühlsbeziehungen hochgesteckte Erwartungen. Beobachtet kritisch, ob sie erfüllt werden. Fühlt sich andernfalls rasch enttäuscht und verletzt.

Möchte sich aber gegen die eigene Empfindlichkeit schützen.

Empfindet darum eigene starke Gefühlserregungen als bedrängend. Bleibt deshalb bei Gefühlsbeziehungen zuweilen beobachtend, und möchte sich dagegen wehren, einer Schwärmerei zu verfallen.

FARBEN 2 0 1

Ihre Motive, Gefühle und Bedürfnisse

Entzieht sich unbefriedigenden Bindungen und Abhängigkeiten. Will es anders haben und sich gegen Widrigkeiten und demütigende Umstände abschirmen. Nimmt eine eigenwillige Verteidigungshaltung ein. Begibt sich in eine Festung. Verbirgt sich und igelt sich ein, um sich nicht irritieren und nicht unsicher machen zu lassen.

FARBEN 2 0 3

Ihre Motive, Gefühle und Bedürfnisse

Findet es schwierig, die begehrte Absicht erfolgreich durchzusetzen. Ist durch diese aufreibenden Bedingungen oder Zumutungen überfordert.
Will sich deshalb gegen Widrigkeiten und demütigende Umstände abschirmen. Nimmt eine eigenwillige Verteidigungshaltung ein. Begibt sich in eine Festung, verbirgt sich und igelt sich ein, um sich nicht irritieren und nicht unsicher machen zu lassen.

FARBEN 2 0 4

Ihre Motive, Gefühle und Bedürfnisse

Macht sich Sorgen aus Angst vor einem Verlust, vor Enttäuschung oder vor blamierender Zurückweisung und davor, die Sicherheit zuverlässiger Beziehungen entbehren zu müssen.
Will sich gegen diese Widrigkeiten und demütigenden Umstände abschirmen. Nimmt eine eigenwillige Verteidigungshaltung ein. Begibt sich in eine Festung, verbirgt sich und igelt sich ein, um sich nicht irritieren und nicht unsicher machen zu lassen.

FARBEN **20**5

Ihre Motive, Gefühle und Bedürfnisse

Ist in den hochgesteckten Erwartungen enttäuscht worden und dadurch ernüchtert. Beobachtet die Verhältnisse kritisch und ist wählerisch.
Will sich gegen die eigene Empfindlichkeit schützen. Kann sie mit Ironie überspielen und Unerwünschtes mit logischer Schärfe kritisieren. Bleibt darum bei Gefühlsbeziehungen oftmals beobachtend und distanziert. Will sich damit gegen Widrigkeiten und demütigende Umstände abschirmen. Nimmt eine eigenwillige Verteidigungshaltung ein. Begibt sich in eine Festung, verbirgt sich und igelt sich ein, um sich nicht irritieren und nicht unsicher machen zu lassen.

FARBEN **20**6

Ihre Motive, Gefühle und Bedürfnisse

Will sich gegen Widrigkeiten und demütigende Umstände abschirmen. Nimmt eine Verteidigungshaltung ein. Begibt sich in eine Festung, verbirgt sich und igelt sich ein, um sich nicht irritieren und nicht unsicher machen zu lassen.
Will als Persönlichkeit respektiert werden. Will den Anforderungen gewachsen sein.
Gibt darum dem Bedürfnis nach Genuß und nach entspannter Behaglichkeit nur dann nach, wenn es die Umstände erlauben.

FARBEN 21o

Ihre Motive, Gefühle und Bedürfnisse

Will die Situation und die übernommene Aufgabe durch kontrolliertes Vorgehen und durch sachlich begründete Überlegenheit meistern und eine fundierte Sicherheit erreichen.

Kann sich stark engagieren, aber sich deshalb zuweilen auch unnötig einmischen.

FARBEN 21з

Ihre Motive, Gefühle und Bedürfnisse

Findet es schwierig, die begehrte Absicht erfolgreich durchzusetzen. Ist durch diese aufreibenden Bedingungen oder Zumutungen überfordert.

Will dennoch eine unangreifbare, fundierte Sicherheit erreichen.

Will die Situation und die übernommene Aufgabe durch kontrolliertes Vorgehen und durch sachlich begründete Überlegenheit meistern.

FARBEN 21₄

Ihre Motive, Gefühle und Bedürfnisse

Will die Situation und die übernommene Aufgabe durch behutsames Vorgehen und durch sachlich begründete Überlegenheit meistern. Möchte damit eine ruhige Stabilität und eine fundierte Sicherheit erreichen und im eigenen Bereich eine ruhige Geordnetheit bewahren.

Macht sich Sorgen aus Angst vor einem Verlust oder vor Enttäuschung oder vor blamierender Zurückweisung und davor, die Sicherheit zuverlässiger Beziehungen oder einer Bindung entbehren zu müssen.

FARBEN 21₅

Ihre Motive, Gefühle und Bedürfnisse

Will die Situation und die übernommene Aufgabe durch kontrolliertes Vorgehen und durch sachlich begründete Überlegenheit meistern. Möchte damit eine ruhige Stabilität und eine fundierte Sicherheit erreichen und den eigenen Bereich in ruhiger Geordnetheit bewahren.

Ist aber in den Erwartungen enttäuscht worden und dadurch ernüchtert. Beobachtet die Verhältnisse kritisch. Will sich gegen die eigene Empfindlichkeit schützen. Kann sie mit Ironie überspielen und Unerwünschtes mit logischer Schärfe kritisieren.

Empfindet eine eigene starke Gefühlserregung als bedrängend. Bleibt deswegen besonders bei Gefühlsbeziehungen oftmals beobachtend und distanziert.

FARBEN 21₆

Ihre Motive, Gefühle und Bedürfnisse

Will die Situation und die übernommene Aufgabe durch behutsames Vorgehen und durch sachlich begründete Überlegenheit meistern. Möchte damit eine ruhige Stabilität und eine fundierte Sicherheit erreichen und den eigenen Bereich in ruhiger Geordnetheit bewahren.

Will als Persönlichkeit respektiert werden. Will sich bewähren und den Anforderungen gewachsen sein.

Gibt darum dem Bedürfnis nach Genuß und nach entspannter Behaglichkeit nur dann nach, wenn es die Umstände erlauben.

23

FARBEN **23**0

Ihre Motive, Gefühle und Bedürfnisse

Will selbständig sein und nie vom Wohlwollen anderer abhängig werden. Verfolgt deshalb die Ziele und Absichten beharrlich und konsequent. Will sich gegen Hindernisse und Widerstände behaupten.
Kann sich stark engagieren, aber sich deshalb zuweilen auch unnötig einmischen. Wird besonders dann ungeduldig, wenn der andere zögernd und unentschieden ist.

FARBEN **23**1

Ihre Motive, Gefühle und Bedürfnisse

Verfolgt die eigenwilligen Absichten und Ansprüche mit beharrlicher Konsequenz und will immer mehr. Läßt sich vom Ziel nicht ablenken. Will sich gegen Hindernisse und Schwierigkeiten selbständig durchsetzen. Braucht den Erfolg und erlebt ihn als Bestätigung.

FARBEN **23**4

Ihre Motive, Gefühle und Bedürfnisse

Hat heimlich Angst vor Verlusten, vor Enttäuschungen oder vor blamierenden Zurückweisungen.
Will sich davor schützen. Bemüht sich deshalb, durch Zuverlässigkeit, Eifer und Tüchtigkeit Aufgaben und Situationen zu meistern. Will sich gegen Hindernisse und Schwierigkeiten mit beharrlicher Ausdauer durchsetzen.
Braucht den Erfolg, um Bestätigung und dadurch die nötige Sicherheit zu finden.

FARBEN **23**5

Ihre Motive, Gefühle und Bedürfnisse

Will selbständig sein und nie vom Wohlwollen anderer abhängig werden. Verfolgt deshalb die Ziele und Absichten beharrlich und konsequent. Will sich gegen Hindernisse und Widerstände behaupten.
Hat aber hochgesteckte Erwartungen. Beobachtet kritisch, ob sie erfüllt werden. Fühlt sich andernfalls rasch enttäuscht. Will sich aber gegen die eigene Empfindlichkeit schützen. Kann sie mit Ironie überspielen und Unerwünschtes mit logischer Schärfe kritisieren. Bleibt darum bei Gefühlsbeziehungen oftmals beobachtend und distanziert.

FARBEN **23**6

Ihre Motive, Gefühle und Bedürfnisse

Will selbständig sein und nicht vom Wohlwollen anderer abhängig werden. Verfolgt deshalb die Ziele und Absichten beharrlich und konsequent. Will sich gegen Hindernisse und Widerstände behaupten.
Erwartet, als Persönlichkeit respektiert zu werden. Will sich bewähren und den Anforderungen gewachsen sein.
Gibt darum dem Bedürfnis nach Genuß und nach entspannter Behaglichkeit nur dann nach, wenn es die Umstände erlauben.

FARBEN 2 4 0

Ihre Motive, Gefühle und Bedürfnisse

Ist ein aufmerksamer, wacher und kritischer Beobachter. Will kompetent und unabhängig sein. Hat den Ehrgeiz, sich durch das, was Anerkennung und Respekt verschafft, als individuelle Persönlichkeit auszuzeichnen. Versteht es, vorteilhafte Gelegenheiten zu erkennen und zu nutzen. Hofft, als besondere Persönlichkeit für andere interessant zu sein.

Möchte damit die Kühle und innere Distanz gegenüber anderen überbrücken.

Will auf keinen Fall zu kurz kommen. Kann sich stark engagieren, aber sich deshalb zuweilen auch unnötig einmischen. Wird besonders dann ungeduldig, wenn der andere zögernd und unentschieden ist.

FARBEN 2 4 1

Ihre Motive, Gefühle und Bedürfnisse

Entzieht sich unbefriedigenden Bindungen und Abhängigkeiten. Ist mit dem Erreichten noch nicht zufrieden. Will es anders und will mehr. Ist ein eigenwilliger Einzelgänger. Hat den Anspruch auf Überlegenheit und Bewunderung. Urteilt oft intolerant.

Reagiert empfindlich und kann abweisend sein.

Ist aber ein aufmerksamer, wacher und kritischer Beobachter.

Will kompetent und unabhängig sein. Hat den Ehrgeiz, sich durch das Besondere und durch das, was Geltung verschafft, auszuzeichnen. Versteht es, vorteilhafte Gelegenheiten zu erkennen und zu nutzen. Hofft, als besondere Persönlichkeit für andere attraktiv zu sein. Möchte damit die Kühle und innere Distanz gegenüber anderen überbrücken.

Ihre Motive, Gefühle und Bedürfnisse

Fühlt sich durch bestimmte Umstände angegriffen. Hat Schwierigkeiten, sich in einer als wesentlich empfundenen Absicht erfolgreich durchzusetzen. Ist darum kritisch, empfindlich und leicht verletzbar.
Ist mit wacher Aufmerksamkeit auf der Hut, um sich zu verteidigen und zu rechtfertigen.
Hat den Ehrgeiz, sich durch das Besondere und durch das, was Geltung verschafft, auszuzeichnen.
Versteht es, vorteilhafte Gelegenheiten zu erkennen und zu nutzen.
Hofft, als besondere Persönlichkeit für andere attraktiv zu sein. Möchte damit die Kühle und innere Distanz gegenüber anderen überbrücken.

Ihre Motive, Gefühle und Bedürfnisse

Ist ein aufmerksamer, wacher und kritischer Beobachter. Will kompetent und unabhängig sein. Hat den Ehrgeiz, sich durch das Besondere und durch das, was Geltung verschafft, auszuzeichnen.
Versteht es, vorteilhafte Gelegenheiten zu erkennen und zu nutzen.
Hofft, als besondere Persönlichkeit für andere interessant zu sein. Möchte damit die Kühle und innere Distanz gegenüber anderen überbrücken.
Ist aber in den Erwartungen enttäuscht worden und dadurch ernüchtert. Beobachtet die Verhältnisse kritisch. Will sich gegen die eigene Empfindlichkeit schützen. Kann sie mit Ironie überspielen und Unerwünschtes mit logischer Schärfe kritisieren. Bleibt darum bei Gefühlsbeziehungen oftmals beobachtend und distanziert.

FARBEN **24**6

Ihre Motive, Gefühle und Bedürfnisse

Ist ein aufmerksamer, wacher und kritischer Beobachter. Will kompetent und unabhängig sein.

Hat den Ehrgeiz, sich durch das Besondere und durch das, was Geltung verschafft, auszuzeichnen.

Versteht es, vorteilhafte Gelegenheiten zu erkennen und zu nutzen.

Hofft, als besondere Persönlichkeit für andere interessant zu sein. Möchte damit die Kühle und innere Distanz gegenüber anderen überbrücken.

Will sich Anerkennung und Respekt verschaffen und deshalb den Anforderungen gewachsen sein.

Gibt darum dem Bedürfnis nach Genuß und nach entspannter Behaglichkeit nur dann nach, wenn es die Umstände erlauben.

FARBEN 25o

Ihre Motive, Gefühle und Bedürfnisse

Liebt originelle Besonderheiten. Sucht wählerisch nach dem auserlesen Reizvollen.
Verteidigt die eigene Position mit gespannter Wachheit, mit Einfühlung und Gewandtheit.
Möchte als zuständig gelten.
Will intensiv erleben und auf keinen Fall zu kurz kommen. Kann sich stark engagieren, aber sich deshalb zuweilen auch unnötig einmischen. Wird besonders dann ungeduldig, wenn der andere zögernd und unentschieden ist.

FARBEN 251

Ihre Motive, Gefühle und Bedürfnisse

Entzieht sich unbefriedigenden Bindungen und Abhängigkeiten. Ist mit dem Erreichten noch nicht zufrieden. Will es anders und will mehr.
Ist empfindlich, rasch ungeduldig, urteilt intolerant und kann abweisend sein.
Liebt das ausgewählt Besondere und auserlesen Reizvolle. Hebt sich von anderen ab. Beobachtet die eigene Haltung und die Wirkung auf andere. Kontrolliert sich.
Verteidigt die eigene Position mit gespannter Wachheit, mit Einfühlung und Gewandtheit. Möchte als zuständig gelten. Will Situationen mit Umsicht und Wendigkeit meistern.

FARBEN 2 5 3

Ihre Motive, Gefühle und Bedürfnisse

Hat Schwierigkeiten, sich in einer als wesentlich empfundenen Absicht erfolgreich durchzusetzen. Ist daher
kritisch, empfindlich und leicht verletzbar. Hat sich aber
unter Kontrolle. Liebt das ausgewählt Besondere. Hebt
sich von anderen ab. Beobachtet die eigene Haltung und
die Wirkung auf andere.
Verteidigt die eigene Position mit gespannter Wachheit,
mit Einfühlung und Gewandtheit. Möchte als zuständig
gelten. Will Situationen mit Umsicht und Wendigkeit
meistern.

FARBEN 2 5 4

Ihre Motive, Gefühle und Bedürfnisse

Macht sich Sorgen aus Angst vor einem Verlust oder vor
Enttäuschungen und blamierenden Zurückweisungen.
Will sich davor schützen. Ist darum bemüht, sich durch
Zuverlässigkeit, Richtigkeit und Perfektion zu bewähren.
Liebt das ausgewählt Besondere. Hebt sich von anderen
ab.
Beobachtet die eigene Haltung und die Wirkung auf
andere. Kontrolliert sich.
Verteidigt die eigene Position mit gespannter Wachheit,
mit Einfühlung und Gewandtheit. Möchte als zuständig
gelten. Will Situationen mit Umsicht und Wendigkeit
meistern.

Ihre Motive, Gefühle und Bedürfnisse

Liebt originelle Besonderheiten. Sucht wählerisch nach dem auserlesen Reizvollen. Verteidigt die eigene Position mit gespannter Wachheit, mit Einfühlung und Gewandtheit. Möchte als zuständig gelten und will als Persönlichkeit respektiert werden. Will den Anforderungen gewachsen sein.

Gibt darum dem Bedürfnis nach Genuß und nach entspannter Behaglichkeit nur dann nach, wenn es die Umstände erlauben.

FARBEN 260

Ihre Motive, Gefühle und Bedürfnisse

Empfindet bestehende Probleme als zermürbend. Wehrt sich aber dagegen, in eine depressive Erschlaffung abzusinken.
Benötigt Anerkennung und konfliktfreie Stabilität.
Will die Unsicherheit bewältigen und sich mit stur wirkendem Widerstand gegen die Probleme wehren. Versucht, die äußere Haltung zu wahren und die innere Resignation nicht zu zeigen.
Kann sich stark engagieren, aber sich deshalb zuweilen auch unnötig einmischen.

FARBEN 261

Ihre Motive, Gefühle und Bedürfnisse

Leidet unter der lieblosen Leere und der Unerfülltheit. Ist innerlich isoliert. Empfindet bestehende Probleme als zermürbend. Wehrt sich aber dagegen, in eine depressive Erschlaffung abzusinken. Will die Unsicherheit bewältigen und sich mit stur wirkendem Widerstand gegen die Probleme wehren.
Benötigt Anerkennung und stabile konfliktfreie Sicherheit.
Versucht, mit Stolz die äußere Haltung zu wahren und die innere Resignation nicht zu zeigen.

Ihre Motive, Gefühle und Bedürfnisse

Findet es schwierig und aufreibend, sich in einer als wesentlich empfundenen Absicht erfolgreich durchzusetzen. Ist dadurch überfordert.
Empfindet die bestehenden Probleme als zermürbend.
Wehrt sich aber dagegen, in eine depressive Erschlaffung abzusinken. Will die Unsicherheit bewältigen und sich mit hartnäckigem Widerstand gegen die Probleme wehren.
Benötigt Anerkennung und stabile, konfliktfreie Sicherheit.
Versucht, mit Stolz die äußere Haltung zu wahren und die innere Resignation nicht zu zeigen.

Ihre Motive, Gefühle und Bedürfnisse

Scheut sich vor blamierender Zurückweisung. Will sich keinen Risiken aussetzen. Kontrolliert sich und hemmt sich dadurch. Will bis zur Verbohrtheit korrekt sein.
Empfindet bestehende Probleme als zermürbend.
Wehrt sich aber dagegen, in eine depressive Erschlaffung abzusinken. Will die Unsicherheit bewältigen und sich mit hartnäckigem Widerstand gegen die Probleme wehren.
Benötigt Anerkennung und stabile konfliktfreie Sicherheit.
Versucht, mit Stolz die äußere Haltung zu wahren und die innere Resignation nicht zu zeigen.

Ihre Motivation, Gefühle und Bedürfnisse

Empfindet bestehende Schwierigkeiten als zermürbend. Wehrt sich aber dagegen, in eine depressive Erschlaffung abzusinken. Will die Unsicherheit bewältigen und sich mit hartnäckigem Widerstand gegen die Probleme wehren. Versucht, die äußere Haltung zu wahren und die innere Resignation nicht zu zeigen.
Benötigt Anerkennung und konfliktfreie Stabilität.
Ist in den Erwartungen enttäuscht worden und dadurch ernüchtert.
Beobachtet die Verhältnisse kritisch.
Will sich gegen die eigene Empfindlichkeit schützen. Empfindet darum eigene starke Gefühlserregungen als bedrängend. Bleibt deswegen besonders bei Gefühlsbeziehungen oftmals beobachtend und distanziert.

FARBEN 3 0 1

Ihre Motive, Gefühle und Bedürfnisse

Entbehrt eine vertraute und befriedigende Zusammengehörigkeit. Ist dadurch innerlich isoliert und nicht zufrieden. Ist ungeduldig, impulsiv und ruhelos. Will es anders haben und will mehr erreichen.
Ist deshalb dranghaft geladen und aufgedreht. Möchte Hemmungen und Hindernisse abrupt durchbrechen.
Will auf diese Weise spannungsvolle Konflikte beiseite schieben. Setzt sich aber mit derart impulsiven Handlungen Risiken aus.

FARBEN 3 0 2

Ihre Motive, Gefühle und Bedürfnisse

Fühlt sich in den überspannten Ansprüchen behindert. Will aber nicht verzichten, sondern den Eigenwillen durchsetzen. Ist deshalb impulsiv geladen und aufgedreht. Möchte Hemmungen und Hindernisse abrupt durchbrechen. Will die eigene Wirkung spüren und intensiv erleben.
Will auf diese Weise spannungsvolle Konflikte beiseite schieben. Setzt sich aber mit derart impulsiven Handlungen Risiken aus.

FARBEN 3 0 4

Ihre Motive, Gefühle und Bedürfnisse

Hat heimlich Angst vor blamierender Zurückweisung. Möchte aber Hemmungen und Hindernisse abrupt durchbrechen. Ist impulsiv geladen und aufgedreht. Will die eigene Wirkung spüren und intensiv erleben. Will auf diese Weise eigene Konflikte beiseite schieben.

FARBEN 30 5

Ihre Motive, Gefühle und Bedürfnisse

Kann provokativ sein, um Hindernisse zu durchbrechen.
Will die eigene Wirkung spüren und intensiv erleben.
Stellt aber besonders an Gefühlsbeziehungen hochgesteckte Erwartungen. Beobachtet kritisch, ob sie erfüllt
werden. Fühlt sich andernfalls rasch enttäuscht.
Will sich aber gegen die eigene Empfindlichkeit schützen. Bleibt darum bei Gefühlsbeziehungen entweder
beobachtend und distanziert oder reagiert überschie-
ßend impulsiv.

FARBEN 30 6

Ihre Motive, Gefühle und Bedürfnisse

Kann provokativ sein, um Hindernisse zu durchbrechen.
Will die eigene Wirkung spüren und intensiv erleben.
Will zugleich als Persönlichkeit respektiert werden. Will
sich deshalb bewähren und den Anforderungen gewach-
sen sein.
Gibt darum dem Bedürfnis nach Genuß und nach ent-
spannter Behaglichkeit nur dann nach, wenn es die
Umstände erlauben.

FARBEN 31o

Ihre Motive, Gefühle und Bedürfnisse

Hält die regelmäßige Aktivität und eine liebevolle Beziehung zum Partner und zu den Nächsten für eine wichtige Voraussetzung für die Zufriedenheit. Wünscht sich deshalb eine erlebnisstarke und harmonische Beziehung, die auch eine erotische und gefühlvolle Befriedigung bietet.
Will intensiv erleben und kann sich stark engagieren. Wird dann aber ungeduldig, wenn der andere zögernd und unentschieden bleibt.

FARBEN 312

Ihre Motive, Gefühle und Bedürfnisse

Hält die regelmäßige Aktivität und eine liebevolle Beziehung zum Partner und zu den Nächsten für eine wichtige Voraussetzung für die Zufriedenheit. Wünscht sich deshalb eine erlebnisstarke und harmonische Beziehung, die auch eine erotische und gefühlvolle Befriedigung bietet.
Wehrt sich aber gegen eine Behinderung der eigenen Ansprüche. Will nach freiem Belieben leben können. Weicht Bedingungen aus, wenn sie als Einengung empfunden werden und umgeht solche Behinderungen.

FARBEN 31₄

Ihre Motive, Gefühle und Bedürfnisse

Hält die regelmäßige Aktivität und eine liebevolle Beziehung zum Partner und zu den Nächsten für eine wichtige Voraussetzung für die Zufriedenheit. Wünscht sich deshalb eine erlebnisstarke und harmonische Beziehung, die auch eine erotische und gefühlvolle Befriedigung bietet.

Macht sich aber oft Sorgen aus Angst vor Enttäuschung oder davor, die Sicherheit zuverlässiger Beziehungen oder einer Bindung entbehren zu müssen.

FARBEN 31₅

Ihre Motive, Gefühle und Bedürfnisse

Hält die regelmäßige Aktivität und eine liebevolle Beziehung zum Partner und zu den Nächsten für eine wichtige Voraussetzung für die Zufriedenheit. Wünscht sich deshalb eine erlebnisstarke und harmonische Beziehung, die auch eine erotische und gefühlvolle Befriedigung bietet.

Hat aber besonders an Gefühlsbeziehungen hochgesteckte Erwartungen. Beobachtet kritisch, ob sie erfüllt werden. Fühlt sich andernfalls rasch enttäuscht.

Will sich aber gegen die eigene Empfindlichkeit schützen. Bleibt darum bei Gefühlsbeziehungen zuweilen beobachtend und wehrt sich dagegen, einer Schwärmerei zu verfallen.

Ihre Motive, Gefühle und Bedürfnisse

Hält die regelmäßige Aktivität und eine liebevolle Beziehung zum Partner und zu den Nächsten für eine wichtige Voraussetzung für die Zufriedenheit. Wünscht sich deshalb eine erlebnisstarke und harmonische Beziehung, die auch eine erotische und gefühlvolle Befriedigung bietet.

Will zugleich als Persönlichkeit respektiert werden. Will den Anforderungen gewachsen sein.

Gibt darum dem Bedürfnis nach Genuß und nach entspannter Behaglichkeit nur dann nach, wenn es die Umstände erlauben.

FARBEN 3 2 0

Ihre Motive, Gefühle und Bedürfnisse

Will die Absicht mit Initiative und Intensität verfolgen. Läßt sich vom Ziel nicht ablenken. Will sich trotz Hindernissen gegen die Schwierigkeiten durchsetzen. Erlebt den Erfolg als Bestätigung. Will ihn intensiv erleben und auf keinen Fall zu kurz kommen.

Kann sich stark engagieren, aber sich deshalb zuweilen auch unnötig einmischen. Wird besonders dann ungeduldig, wenn der andere zögernd und unentschieden ist.

FARBEN 3 2 1

Ihre Motive, Gefühle und Bedürfnisse

Ist mit dem Erreichten nicht zufrieden. Möchte es noch anders haben und mehr erzielen.

Will die Absicht mit Initiative und Intensität verfolgen. Läßt sich vom Ziel nicht ablenken. Will sich trotz Hindernissen gegen die Schwierigkeiten durchsetzen. Erlebt den Erfolg als Bestätigung.

FARBEN 3 2 4

Ihre Motive, Gefühle und Bedürfnisse

Will die Absicht mit Initiative und Intensität verfolgen. Läßt sich vom Ziel nicht ablenken. Will sich trotz Hindernissen gegen die Schwierigkeiten durchsetzen. Erlebt den Erfolg als Bestätigung.

Ist eifrig, macht sich aber Sorgen aus Angst vor einem Verlust oder vor einer Enttäuschung oder davor, die Sicherheit zuverlässiger Beziehungen zu verlieren.

FARBEN 3 2 5

Ihre Motive, Gefühle und Bedürfnisse

Will die Absicht mit Initiative und Intensität verfolgen.
Läßt sich vom Ziel nicht ablenken. Will sich trotz Hindernissen gegen die Schwierigkeiten durchsetzen.
Erlebt den Erfolg als Bestätigung.
Hat aber hochgesteckte Erwartungen. Beobachtet kritisch, ob sie erfüllt werden. Fühlt sich andernfalls rasch enttäuscht.
Will sich gegen die eigene Empfindlichkeit schützen.
Kann sie mit Ironie überspielen und Unerwünschtes mit logischer Schärfe kritisieren. Bleibt darum bei Gefühlsbeziehungen oftmals beobachtend und distanziert.

FARBEN 3 2 6

Ihre Motive, Gefühle und Bedürfnisse

Will die Absicht mit Initiative und Intensität verfolgen.
Läßt sich vom Ziel nicht ablenken. Will sich trotz Hindernissen gegen die Schwierigkeiten durchsetzen.
Erlebt den Erfolg als Bestätigung.
Will als Persönlichkeit respektiert werden. Will sich deshalb bewähren und den Anforderungen gewachsen sein.
Gibt darum dem Bedürfnis nach Genuß und nach entspannter Behaglichkeit nur dann nach, wenn es die Umstände erlauben.

FARBEN 34 0

Ihre Motive, Gefühle und Bedürfnisse

Ist begeisterungsfähig und will sich frei entfalten können. Geht der Zukunft erwartungsvoll entgegen. Ist an neuen Möglichkeiten, die sich aus Begegnungen und Kontaktbeziehungen ergeben, interessiert. Möchte teilhaben und aktiv teilnehmen.

Will intensiv erleben und auf keinen Fall zu kurz kommen. Kann sich stark engagieren, aber sich deshalb zuweilen auch unnötig einmischen.

Wird besonders dann ungeduldig, wenn der andere zögernd und unentschieden ist.

FARBEN 34 1

Ihre Motive, Gefühle und Bedürfnisse

Der Erlebnis- und Erfolgshunger verhindert eine ruhige Verbundenheit. Entzieht sich unbefriedigenden Bindungen und Abhängigkeiten. Ist mit dem Erreichten noch nicht zufrieden. Will es noch anders und will noch mehr. Ist daher ruhelos, ungeduldig und leicht erregbar.

Läßt sich rasch begeistern. Möchte sich frei entfalten können. Interessiert sich für vieles und will es intensiv erleben. Ist an Kontakten und an neuen Möglichkeiten, die sich aus Begegnungen ergeben, lebhaft interessiert.

FARBEN 3 4 2

Ihre Motive, Gefühle und Bedürfnisse

Fühlt sich zwar in den eigenwilligen Ansprüchen behindert. Will aber nicht verzichten, sondern eine imponierende Wirkung erzielen. Hat das Bedürfnis nach Erfolgserlebnissen, um Beachtung und Bestätigung zu finden. Ist begeisterungsfähig und will sich frei entfalten können. Interessiert sich für vieles und will es intensiv erleben.
Geht der Zukunft erwartungsvoll entgegen. Ist an Kontakten und an neuen Möglichkeiten, die sich aus Begegnungen ergeben, lebhaft interessiert.

FARBEN 3 4 5

Ihre Motive, Gefühle und Bedürfnisse

Ist begeisterungsfähig und will sich frei entfalten können. Geht der Zukunft erwartungsvoll entgegen. Ist an neuen Möglichkeiten, die sich aus Begegnungen und Kontaktbeziehungen ergeben, interessiert. Möchte teilhaben und aktiv teilnehmen.
Hat hochgesteckte Erwartungen. Beobachtet kritisch, ob sie erfüllt werden. Fühlt sich andernfalls enttäuscht.
Will sich gegen die eigene Empfindlichkeit schützen. Bleibt darum bei Gefühlsbeziehungen oftmals beobachtend und wehrt sich dagegen, einer Schwärmerei zu verfallen.

FARBEN 3 4 6

Ihre Motive, Gefühle und Bedürfnisse

Ist begeisterungsfähig und will sich frei entfalten können. Geht der Zukunft erwartungsvoll entgegen. Ist an
neuen Möglichkeiten, die sich aus Begegnungen und
Kontaktbeziehungen ergeben, interessiert. Möchte teilhaben und aktiv teilnehmen.

Will als Persönlichkeit respektiert werden. Will den Anforderungen gewachsen sein.

Gibt darum dem Bedürfnis nach Genuß und nach entspannter Behaglichkeit nur dann nach, wenn es die
Umstände erlauben.

Ihre Motive, Gefühle und Bedürfnisse

Ist vom Reiz des Außergewöhnlichen und Besonderen fasziniert. Ist stark animiert, wenn etwas eine beeindruk-kende und erotische Wirkung ausübt.
Will intensiv erleben und auf keinen Fall zu kurz kommen. Kann sich stark engagieren, aber sich deshalb zuweilen auch unnötig einmischen.
Wird besonders dann ungeduldig, wenn der andere zögernd und unentschieden ist.

FARBEN 3 5 1

Ihre Motive, Gefühle und Bedürfnisse

Ist mit dem Erreichten noch nicht zufrieden. Will es noch anders und möchte noch mehr. Entzieht sich unbefriedigenden Bindungen und Abhängigkeiten. Der Hunger nach reizvollen Erlebnissen verhindert eine ruhige Verbundenheit.
Ist vom Reiz des Außergewöhnlichen und Besonderen fasziniert.
Begehrt auch selbst eine beeindruckende und erotische Wirkung auszuüben.
Will eine starke Faszination auf andere ausüben und deren Zutrauen gewinnen. Versteht es, den Einfluß auf andere einfühlsam zu dirigieren. Spürt, daß der beabsichtigte Erfolg so am besten zu erreichen ist.

FARBEN 3 5 2

Ihre Motive, Gefühle und Bedürfnisse

Fühlt sich zwar in den eigenwilligen Ansprüchen behindert, will aber nicht verzichten, sondern nach freiem Belieben leben. Weicht darum Behinderungen und den notwendigen Erfordernissen aus.

Ist vom Reiz des Außergewöhnlichen und Besonderen fasziniert.

Begehrt auch selbst, eine beeindruckende und erotische Wirkung auszuüben. Versteht es, den Einfluß auf andere einfühlsam zu dirigieren. Spürt, daß der beabsichtigte Erfolg so am besten zu erreichen ist.

FARBEN 3 5 4

Ihre Motive, Gefühle und Bedürfnisse

Ist vom Reiz des Außergewöhnlichen und Besonderen fasziniert. Strebt mit Achtsamkeit und Eifer danach, eine faszinierende Wirkung zu erzielen.

Ist bemüht, alles zu vermeiden, was zu Mißerfolgen und Enttäuschungen führen könnte.

FARBEN 3 5 6

Ihre Motive, Gefühle und Bedürfnisse

Ist vom Reiz des Außergewöhnlichen und Besonderen fasziniert. Ist stark animiert, wenn etwas eine beeindruckende und erotische Wirkung ausübt.

Will als Persönlichkeit respektiert werden. Will sich deshalb bewähren und den Anforderungen gewachsen sein.

Gibt darum dem Bedürfnis nach Genuß und nach entspannter Behaglichkeit nur dann nach, wenn es die Umstände erlauben.

FARBEN 3 6 0

Ihre Motive, Gefühle und Bedürfnisse

Schiebt Ideale und Rücksichtnahme beiseite. Versucht, Konfliktspannungen und Enttäuschtheit oder aggressive Gereiztheit durch sinnliche Genüsse oder durch sexuelle Befriedigung zu betäuben. Will intensiv erleben und auf keinen Fall zu kurz kommen. Kann sich stark engagieren, aber sich deshalb zuweilen auch unnötig einmischen. Wird besonders dann ungeduldig, wenn der andere zögernd und unentschieden ist.

FARBEN 3 6 1

Ihre Motive, Gefühle und Bedürfnisse

Empfindet keine befriedigende Zugehörigkeit. Ist innerlich isoliert, unerfüllt und nicht zufrieden. Will es anders haben und will mehr. Ist daher ungeduldig begehrend. Schiebt jetzt Rücksichtnahme und Ideale beiseite. Versucht, Konfliktspannungen und Enttäuschungen oder aggressive Gereiztheit durch sinnliche Genüsse oder durch sexuelle Befriedigung zu betäuben.

FARBEN 3 6 2

Ihre Motive, Gefühle und Bedürfnisse

Stößt mit den eigenwilligen Ansprüchen auf Widerstand. Will aber nicht verzichten, sondern das Begehren befriedigen. Möchte deshalb Ideale und Rücksichtnahme beiseite schieben. Versucht, Konfliktspannungen und Enttäuschungen oder aggressive Gereiztheit durch sinnliche Genüsse oder durch sexuelle Befriedigung zu betäuben.

FARBEN 3 6 4

Ihre Motive, Gefühle und Bedürfnisse

Mißtraut der künftigen Entwicklung. Schiebt Ideale und Rücksichtnahme beiseite.
Darum besteht das starke Begehren, vorwiegend eigene Bedürfnisse zu befriedigen.
Setzt sich gegen kränkende Angriffe massiv zur Wehr.
Versucht, Konfliktspannungen und Enttäuschungen oder aggressive Gereiztheit durch sinnliche Genüsse oder durch sexuelle Befriedigung zu betäuben.

FARBEN 3 6 5

Ihre Motive, Gefühle und Bedürfnisse

Ist in den Erwartungen enttäuscht worden und dadurch ernüchtert. Schiebt Ideale und Rücksichtnahme beiseite. Beobachtet die Verhältnisse kritisch.
Will sich gegen die eigene Empfindlichkeit schützen. Kann Unerwünschtes mit Schärfe kritisieren. Bleibt darum bei Gefühlsbeziehungen oftmals beobachtend und distanziert.
Versucht, Enttäuschtheit und Konfliktspannungen oder aggressive Gereiztheit durch sinnliche Genüsse oder sexuelle Befriedigung zu betäuben.

FARBEN 401

Ihre Motive, Gefühle und Bedürfnisse

Ist mit dem Zustand nicht zufrieden. Will es anders und will mehr, um die entbehrte Erfüllung zu finden. Entzieht sich unbefriedigenden Bindungen und Abhängigkeiten.
Schirmt sich auch gegen eine Klärung der persönlichen Probleme ab. Empfindet sie zwar als irritierende Unannehmlichkeiten. Entflieht ihnen aber und banalisiert sie. Erwartet, daß sich die Probleme in Zukunft irgendwie lösen werden.

FARBEN 402

Ihre Motive, Gefühle und Bedürfnisse

Will auf die eigenwilligen Ansprüche nicht verzichten. Weicht den geforderten Bedingungen aus, weil sie als Einengung empfunden werden und umgeht solche Behinderungen.
Schirmt sich gegen eine Klärung der persönlichen Probleme ab. Empfindet sie als irritierende Unannehmlichkeiten. Entflieht ihnen deshalb und banalisiert sie.
Erwartet, daß sich die Probleme in Zukunft irgendwie lösen werden.

FARBEN 403

Ihre Motive, Gefühle und Bedürfnisse

Findet es schwierig, die begehrte Absicht erfolgreich durchzusetzen. Ist durch diese aufreibenden Umstände oder Zumutungen überfordert. Dadurch ist das Vertrauen in die eigene Kraft geschwächt.
Schirmt sich aber gegen eine Klärung der persönlichen

Probleme ab. Empfindet sie zwar als irritierende Unannehmlichkeiten. Entflieht ihnen aber und banalisiert sie. Erwartet, daß sich die Probleme in Zukunft irgendwie lösen werden.

FARBEN 40 5

Ihre Motive, Gefühle und Bedürfnisse

Ist in den hochgesteckten Erwartungen enttäuscht worden und ist dadurch ernüchtert. Beobachtet die Verhältnisse kritisch und ist wählerisch.
Möchte sich gegen die eigene Empfindlichkeit schützen. Bleibt darum bei Gefühlsbeziehungen oftmals beobachtend und distanziert.
Schirmt sich auch gegen eine Klärung der persönlichen Probleme ab. Empfindet sie zwar als irritierende Unannehmlichkeiten. Entflieht ihnen aber und banalisiert sie. Erwartet, daß sich die Probleme in Zukunft irgendwie lösen werden.

FARBEN 40 6

Ihre Motive, Gefühle und Bedürfnisse

Schirmt sich gegen eine Klärung der persönlichen Probleme ab. Empfindet sie zwar als irritierende Unannehmlichkeiten. Entflieht ihnen aber und banalisiert sie. Erwartet, daß sich die Probleme in Zukunft irgendwie lösen werden.
Will dennoch den Anforderungen gewachsen sein. Gibt darum dem Bedürfnis nach Genuß und nach entspannter Behaglichkeit nur dann nach, wenn es die Umstände erlauben.

FARBEN **41**0

Ihre Motive, Gefühle und Bedürfnisse

Will intensiv erleben und auf keinen Fall zu kurz kommen.
Ist aufgeschlossen und hilfsbereit. Erwartet von neuen Beziehungen interessante Bereicherungen. Möchte den geistigen Horizont erweitern, beispielsweise durch ästhetische Interessen oder Reisen.
Hofft, unter besseren Voraussetzungen Zufriedenheit zu finden und in einer liebevollen Partnerbeziehung verstanden zu werden.

FARBEN **41**2

Ihre Motive, Gefühle und Bedürfnisse

Wehrt sich gegen Einengung. Will nach eigenem Belieben leben können. Weicht Erfordernissen aus, wenn sie als Behinderungen empfunden werden.
Möchte sich davon befreien. Hofft, unter besseren Voraussetzungen Zufriedenheit zu finden und in einer liebevollen Partnerbeziehung verstanden zu werden.
Ist aufgeschlossen und hilfsbereit. Erwartet von neuen Beziehungen interessante Bereicherungen. Möchte den geistigen Horizont beispielsweise durch ästhetische Interessen oder Reisen erweitern.

FARBEN 41₃

Ihre Motive, Gefühle und Bedürfnisse

Findet es schwierig, die begehrte Absicht erfolgreich durchzusetzen. Ist durch diese aufreibenden Umstände oder Zumutungen überfordert.

Möchte sich davon befreien. Hofft, unter besseren Voraussetzungen Zufriedenheit zu finden und in einer liebevollen Partnerbeziehung verstanden zu werden.

Ist aufgeschlossen und hilfsbereit. Erwartet von neuen Beziehungen interessante Bereicherungen. Möchte den geistigen Horizont beispielsweise durch ästhetische Interessen oder Reisen erweitern.

FARBEN 41₅

Ihre Motive, Gefühle und Bedürfnisse

Stellt an Gefühlsbeziehungen hochgesteckte Erwartungen. Beobachtet kritisch, ob sie erfüllt werden. Fühlt sich andernfalls rasch enttäuscht.

Will sich aber gegen die eigene Empfindlichkeit schützen. Bleibt darum bei Gefühlsbeziehungen oftmals beobachtend und wehrt sich dagegen, einer Schwärmerei zu verfallen.

Hofft aber, das vorgestellte Ideal zu finden und in einer liebevollen Partnerbeziehung verstanden zu werden.

Ist aufgeschlossen und hilfsbereit. Erwartet von neuen Beziehungen interessante Bereicherungen. Möchte den geistigen Horizont beispielsweise durch ästhetische Interessen erweitern.

Ihre Motive, Gefühle und Bedürfnisse

Hofft, unter besseren Voraussetzungen Zufriedenheit zu finden und in einer liebevollen Partnerbeziehung verstanden zu werden. Ist hilfsbereit und für neue Beziehungen aufgeschlossen. Erwartet dadurch interessante Bereicherungen und möchte den geistigen Horizont beispielsweise durch ästhetische Interessen oder Reisen erweitern.

Will als Persönlichkeit respektiert werden. Will sich bewähren und den Anforderungen gewachsen sein.

Gibt darum dem Bedürfnis nach Genuß und nach entspannter Behaglichkeit nur dann nach, wenn es die Umstände erlauben.

FARBEN 42o

Ihre Motive, Gefühle und Bedürfnisse

Beobachtet mit rascher und wacher Aufmerksamkeit.
Sucht nach neuen Möglichkeiten, die eine klärende Lösung bieten. Möchte solche Möglichkeiten ergreifen.
Will sich bewähren und kompetent sein. Will nach außen sachlich und stabil erscheinen und damit die innere Empfindlichkeit abschirmen.
Wird besonders dann ungeduldig, wenn der andere zögernd und unentschieden ist.

FARBEN 42₁

Ihre Motive, Gefühle und Bedürfnisse

Ist mit dem Erreichten nicht zufrieden. Will es anders und will mehr. Entzieht sich unbefriedigenden Bindungen und Abhängigkeiten. Beobachtet mit rascher und wacher Aufmerksamkeit.
Sucht nach neuen Möglichkeiten, die eine klärende Lösung bieten. Möchte solche Möglichkeiten ergreifen.
Will sich bewähren und kompetent sein. Will nach außen sachlich und stabil erscheinen und damit die innere Empfindlichkeit abschirmen.

Ihre Motive, Gefühle und Bedürfnisse

Findet es schwierig, die begehrte Absicht erfolgreich durchzusetzen. Ist durch die aufreibenden Umstände oder Zumutungen überfordert. Beobachtet mit rascher und wacher Aufmerksamkeit. Sucht nach neuen Möglichkeiten, die eine klärende Lösung bieten. Möchte solche Möglichkeiten ergreifen. Will sich bewähren und kompetent sein. Will nach außen sachlich und stabil erscheinen und damit die innere Empfindlichkeit abschirmen.

Ihre Motive, Gefühle und Bedürfnisse

Ist in den hochgesteckten Erwartungen enttäuscht worden und dadurch ernüchtert.
Will sich gegen die eigene Empfindlichkeit schützen. Kann sie mit Ironie überspielen und Unerwünschtes mit logischer Schärfe kritisieren. Bleibt darum bei Gefühlsbeziehungen oftmals beobachtend und distanziert.
Beobachtet alles mit rascher, wacher und kritischer Aufmerksamkeit.
Sucht nach neuen Möglichkeiten und klärenden Lösungen. Möchte sich dabei bewähren und kompetent sein.
Will nach außen sachlich und stabil erscheinen und damit die innere Empfindlichkeit abschirmen.

FARBEN 42 6

Ihre Motive, Gefühle und Bedürfnisse

Beobachtet mit rascher und wacher Aufmerksamkeit. Sucht nach neuen Möglichkeiten, die eine klärende Lösung bieten. Will gute Gelegenheiten ergreifen.

Will als Persönlichkeit respektiert werden. Will sich bewähren, kompetent sein und den Anforderungen gewachsen sein. Gibt darum dem Bedürfnis nach Genuß und nach entspannter Behaglichkeit nur dann nach, wenn es die Umstände erlauben.

Bemüht sich, nach außen sachlich und stabil zu erscheinen und damit die innere Empfindlichkeit abzuschirmen.

FARBEN 43 0

Ihre Motive, Gefühle und Bedürfnisse

Hat das Bedürfnis, den Erlebnisbereich zu entfalten.
Wünscht und sucht unbelastende Kontakte und Abwechslungen, die aber bis zur Zersplitterung führen können.
Erwartet, daß Veränderungen, neue Verhältnisse und Beziehungen die bisher nicht erreichte Erfüllung bringen werden.
Will intensiv erleben und auf keinen Fall zu kurz kommen. Wird aber dann ungeduldig, wenn der andere zögernd und unentschieden ist.

FARBEN 43 1

Ihre Motive, Gefühle und Bedürfnisse

Ist mit der Situation nicht zufrieden. Entzieht sich unbefriedigenden Bindungen und Abhängigkeiten.
Sucht ruhelos nach neuen, besseren Verhältnissen. Hat das Bedürfnis, den Erlebnisbereich zu entfalten.
Wünscht unbelastende Kontakte und Abwechslungen, die aber bis zur Zersplitterung führen können.
Erwartet, daß veränderte Verhältnisse und neue Beziehungen die bisher nicht erreichte Erfüllung und Befriedigung bringen werden.

FARBEN 4 3 2

Ihre Motive, Gefühle und Bedürfnisse

Fühlt sich in den eigenwilligen Ansprüchen behindert. Will aber nicht verzichten. Will nach freiem Belieben leben.
Weicht daher Behinderungen und den notwendigen Erfordernissen aus.
Hat das Bedürfnis, den Erlebnisbereich zu entfalten. Wünscht und sucht unbelastende Kontakte und Abwechslungen, die aber bis zur Zersplitterung führen können. Erwartet, daß neue Verhältnisse und Beziehungen die bisher entbehrte Beachtung bringen werden.

FARBEN 4 3 5

Ihre Motive, Gefühle und Bedürfnisse

Hat das Bedürfnis, den Erlebnisbereich zu entfalten. Wünscht und sucht unbelastende Kontakte und Abwechslungen, die aber bis zur Zersplitterung führen können. Erwartet, daß neue Verhältnisse und Beziehungen, die den Vorstellungen besser entsprechen, die bisher nicht erreichte Erfüllung bringen werden.
Hat aber hochgesteckte Erwartungen. Beobachtet kritisch, ob sie erfüllt werden. Fühlt sich andernfalls rasch enttäuscht. Will sich aber gegen die eigene Empfindlichkeit schützen. Bleibt darum bei Gefühlsbeziehungen oftmals beobachtend und wehrt sich dagegen, einer Schwärmerei zu verfallen.

Ihre Motive, Gefühle und Bedürfnisse

Hat das Bedürfnis, den Erlebnisbereich zu entfalten. Wünscht und sucht unbelastende Kontakte und Abwechslungen, die aber bis zur Zersplitterung führen können. Erwartet, daß neue Verhältnisse und Beziehungen die bisher nicht erreichte Erfüllung und Befriedigung bringen werden.
Will als Persönlichkeit respektiert werden. Will deshalb den Anforderungen gewachsen sein.
Gibt darum dem Bedürfnis nach Genuß und nach entspannter Behaglichkeit nur dann nach, wenn es die Umstände erlauben.

FARBEN 4 5 0

Ihre Motive, Gefühle und Bedürfnisse

Sehnt sich nach begeisternder und feinfühliger Überein-stimmung in der Partnerbeziehung. Wendet sich mit charmanter Aufgeschlossenheit solchen Interessen zu, die das Bedürfnis nach erotischen und ästhetischen Erlebnissen (beispielsweise Kunst, Musik, Reisen) befriedigen. Überläßt Gedanken und Gefühle gerne reizvollen Ideen.
Ist voller Erwartungen und deshalb leicht zu begeistern. Will intensiv erleben und auf keinen Fall zu kurz kommen. Kann sich stark engagieren.
Wird aber besonders dann ungeduldig, wenn der andere zögernd und unentschieden ist.

FARBEN 4 5 1

Ihre Motive, Gefühle und Bedürfnisse

Bedauert, daß das Bedürfnis nach feinfühliger Überein-stimmung und begeistertem Mitgehen in der Partnerbe-ziehung nicht erfüllt ist. Strebt deshalb nach freudvollen Erlebnissen, um sich von der Unerfülltheit abzulenken. Sucht reizvolle Kontaktbeziehungen, um der inneren Isoliertheit und dem Unverstandensein zu entfliehen. Wendet sich mit charmanter Aufgeschlossenheit solchen Interessen zu, die das Bedürfnis nach ästhetischen und erotischen Erlebnissen (beispielsweise Kunst, Musik, Reisen) befriedigen. Überläßt Gedanken und Gefühle gerne reizvollen Ideen.
Ist voller Erwartungen und deshalb leicht zu begeistern.

Ihre Motive, Gefühle und Bedürfnisse

Die Partnerbeziehung erfüllt und befriedigt das Bedürfnis nach feinfühliger Übereinstimmung und begeistertem Mitgehen noch nicht.
Fühlt sich in den Ansprüchen behindert. Will aber nicht verzichten, sondern nach freiem Belieben leben. Weicht darum Behinderungen oder notwendigen Erfordernissen aus. Wendet sich mit charmanter Aufgeschlossenheit solchen Interessen zu, die das Bedürfnis nach erotischen und ästhetischen Erlebnissen (beispielsweise Kunst, Musik, Reisen) befriedigen. Überläßt Gedanken und Gefühle gerne reizvollen Ideen.
Ist voller Erwartungen und deshalb leicht zu begeistern.

FARBEN 45 3

Ihre Motive, Gefühle und Bedürfnisse

Hat Schwierigkeiten, sich in einer als wesentlich empfundenen Absicht durchzusetzen. Dadurch ist das Vertrauen in die eigene Kraft geschwächt.
Möchte den schwererträglichen Verhältnissen entfliehen, um einen Ausweg und Erleichterung zu finden.
Bedauert, daß das Bedürfnis nach feinfühliger Übereinstimmung und begeistertem Mitgehen in der Partnerbeziehung nicht befriedigend erfüllt ist.
Hofft auf reizvolle Begegnungen, um sich abzulenken.
Erwartet ein verständnisvolles Entgegenkommen. Ist wegen des geschwächten Selbstvertrauens kaum im Stande, die Initiative selbst zu ergreifen.

FARBEN 4 5 6

Ihre Motive, Gefühle und Bedürfnisse

Sehnt sich nach feinfühliger Übereinstimmung und begeistertem Mitgehen in der Partnerbeziehung. Wendet sich mit charmanter Aufgeschlossenheit solchen Interessen zu, die das Bedürfnis nach erotischen und ästhetischen Erlebnissen (beispielsweise Kunst, Musik, Reisen) befriedigen. Überläßt Gedanken und Gefühle gerne reizvollen Ideen.

Ist voller Erwartungen und deshalb leicht zu begeistern. Will als Persönlichkeit respektiert werden. Will deshalb den Anforderungen gewachsen sein.

Gibt darum dem Bedürfnis nach Genuß und nach entspannter Behaglichkeit nur dann nach, wenn es die Umstände erlauben.

FARBEN 46o

Ihre Motive, Gefühle und Bedürfnisse

Möchte jetzt weiteren Konflikten und Spannungen ausweichen. Hat ein starkes Bedürfnis nach unbelasteter Gemütlichkeit und Behaglichkeit. Sehnt sich nach einem erholsamen Ferienparadies, das Unbekümmertheit, Genuß und Befriedigung bietet.
Wird besonders jetzt ungeduldig, wenn der andere zögernd und unentschieden ist.

FARBEN 461

Ihre Motive, Gefühle und Bedürfnisse

Ist mit dem Zustand nicht zufrieden. Will einer unbefriedigenden Situation oder Bindung entfliehen. Möchte deshalb weiteren Konflikten und Spannungen ausweichen.
Hat ein starkes Verlangen nach unbelasteter Gemütlichkeit und Behaglichkeit. Sehnt sich nach einem erholsamen Ferienparadies, das Unbekümmertheit, Genuß und Befriedigung bietet.

FARBEN 462

Ihre Motive, Gefühle und Bedürfnisse

Stößt mit den eigenwilligen Erwartungen auf Hindernisse. Findet die Mißachtung der Ansprüche schwererträglich. Möchte weiteren Konflikten und Spannungen ausweichen.
Hat ein starkes Bedürfnis nach unbelasteter Gemütlichkeit und Behaglichkeit. Sehnt sich nach einem erholsamen Ferienparadies, das Unbekümmertheit, Genuß und Befriedigung bietet.

FARBEN 46 3

Ihre Motive, Gefühle und Bedürfnisse

Findet es zum Verzweifeln, sich in einer als wesentlich empfundenen Absicht nicht erfolgreich durchsetzen zu können. Ist dadurch überfordert und im Vertrauen in die eigene Kraft geschwächt.

Möchte weiteren Konflikten und Spannungen ausweichen. Hat ein starkes Bedürfnis nach unbelastender Gemütlichkeit und Behaglichkeit. Sehnt sich nach einem erholsamen Ferienparadies, das Unbekümmertheit, Genuß und Befriedigung bietet.

FARBEN 46 5

Ihre Motive, Gefühle und Bedürfnisse

Ist in den Erwartungen enttäuscht worden und dadurch ernüchtert. Beobachtet die Verhältnisse kritisch.

Will sich gegen die eigene Empfindlichkeit schützen. Empfindet darum eine eigene starke Gefühlserregung als bedrängend. Bleibt deswegen besonders bei Gefühlsbeziehungen oftmals beobachtend und distanziert.

Möchte sich von Konflikten und Spannungen befreien. Hat ein starkes Bedürfnis nach unbelastender Gemütlichkeit und Behaglichkeit. Sehnt sich nach einem erholsamen Ferienparadies, das Unbekümmertheit, Genuß und Befriedigung bietet.

FARBEN 50 1

Ihre Motive, Gefühle und Bedürfnisse

Ist mit dem Zustand nicht zufrieden. Möchte unbefriedigenden Bindungen und Abhängigkeiten entfliehen. Will es anders, um die entbehrte Erfüllung zu finden. Sehnt sich nach einfühlsamem Verständnis und feinfühlender Resonanz. Geht diplomatisch abtastend vor. Hält es für zweckmäßig, sich abzuschirmen und sich durch behutsame Vorsicht zu bewahren. Bleibt unverbindlich und macht auf andere den Eindruck, undurchsichtig zu sein.

FARBEN 50 2

Ihre Motive, Gefühle und Bedürfnisse

Wehrt sich gegen eine Einengung der eigenen Ansprüche. Will auf sie nicht verzichten, sondern nach eigenem Belieben leben können. Weicht notwendigen Erfordernissen aus, weil sie als Einengung empfunden werden und umgeht solche Behinderungen.
Sehnt sich nach einfühlsamem Verständnis und feinfühlender Resonanz.
Geht diplomatisch abtastend vor. Hält es für zweckmäßig, sich abzuschirmen und sich durch behutsame Vorsicht zu bewahren. Bleibt unverbindlich und macht auf andere den Eindruck, undurchsichtig zu sein.

FARBEN 50 3

Ihre Motive, Gefühle und Bedürfnisse

Findet es schwierig, die begehrte Absicht erfolgreich durchzusetzen.

Ist durch die aufreibenden Bedingungen oder Zumutungen überfordert. Dadurch ist das Vertrauen in die eigene Kraft geschwächt.

Sehnt sich nach einfühlsamem Verständnis und feinfühlender Resonanz.

Geht diplomatisch abtastend vor. Hält es für zweckmäßig, sich abzuschirmen und sich durch behutsame Vorsicht zu bewahren. Bleibt unverbindlich und macht auf andere den Eindruck, undurchsichtig zu sein.

FARBEN 50 4

Ihre Motive, Gefühle und Bedürfnisse

Macht sich Sorgen aus Angst vor Enttäuschung, vor blamierender Zurückweisung und davor, die Sicherheit zuverlässiger Beziehungen oder einer Bindung entbehren zu müssen.

Sehnt sich nach einfühlsamem Verständnis und feinfühlender Resonanz.

Geht diplomatisch abtastend vor. Hält es für zweckmäßig, sich abzuschirmen und sich durch behutsame Vorsicht zu bewahren. Bleibt unverbindlich und macht auf andere den Eindruck, undurchsichtig zu sein.

Ihre Motive, Gefühle und Bedürfnisse

Sehnt sich nach einfühlsamem Verständnis und feinfühlender Resonanz.

Geht diplomatisch abtastend vor. Hält es für zweckmäßig, sich abzuschirmen und sich durch behutsame Vorsicht zu bewahren. Bleibt unverbindlich und macht auf andere den Eindruck, undurchsichtig zu sein.

Will als Persönlichkeit respektiert werden. Will deshalb den Anforderungen gewachsen sein.

Gibt darum dem Bedürfnis nach Genuß und nach entspannter Behaglichkeit nur dann nach, wenn es die Umstände erlauben.

FARBEN 510

Ihre Motive, Gefühle und Bedürfnisse

Sehnt sich nach reizvoller und einfühlsamer Übereinstimmung, nach verständnisvoller und intimer Verliebtheit und Verbundenheit.

Möchte rücksichtsvoll und mit Zartgefühl verstanden werden.

Empfindet eine solche Beziehung als faszinierenden, idealen Harmoniezustand.

Gibt sich Interessen, welche die Gefühle ansprechen (beispielsweise psychologischen oder ästhetischen Interessen) mit empfindsamer Einfühlung und anhaltender Faszination hin.

Will intensiv erleben und auf keinen Fall zu kurz kommen. Kann sich dabei stark engagieren.

FARBEN 512

Ihre Motive, Gefühle und Bedürfnisse

Sehnt sich nach reizvoller und einfühlsamer Übereinstimmung, nach verständnisvoller und intimer Verliebtheit und Verbundenheit.

Möchte rücksichtsvoll und mit Zartgefühl verstanden werden.

Empfindet eine solche Beziehung als faszinierenden, idealen Harmoniezustand.

Gibt sich Interessen, welche die Gefühle ansprechen (beispielsweise psychologischen oder ästhetischen Interessen) mit empfindsamer Einfühlung und anhaltender Faszination hin.

Wehrt sich gegen die Behinderung der eigenen Ansprüche. Will darauf nicht verzichten, sondern nach eigenem Belieben leben können. Weicht Behinderungen aus, wenn sie als Einengung empfunden werden.

FARBEN 51 3

Ihre Motive, Gefühle und Bedürfnisse

Findet es schwierig, die begehrte Absicht erfolgreich durchzusetzen.

Ist durch diese aufreibenden Umstände oder Zumutungen überfordert.

Dadurch ist das Vertrauen in die eigene Kraft geschwächt.

Sehnt sich um so mehr nach reizvoller und einfühlsamer Übereinstimmung, nach verständnisvoller und intimer Verliebtheit und Verbundenheit. Möchte rücksichtsvoll und mit Zartgefühl verstanden werden. Empfindet eine solche Beziehung als faszinierenden, idealen Harmoniezustand.

Gibt sich Interessen, welche die Gefühle ansprechen (beispielsweise psychologischen oder ästhetischen Interessen) mit empfindsamer Einfühlung und anhaltender Faszination hin.

FARBEN 51 4

Ihre Motive, Gefühle und Bedürfnisse

Sehnt sich nach reizvoller und einfühlsamer Übereinstimmung, nach verständnisvoller und intimer Verliebtheit und Verbundenheit.

Möchte rücksichtsvoll und mit Zartgefühl verstanden werden.

Empfindet eine solche Beziehung als faszinierenden, idealen Harmoniezustand.

Gibt sich Interessen, welche die Gefühle ansprechen (beispielsweise psychologischen oder ästhetischen Interessen) mit empfindsamer Einfühlung und anhaltender Faszination hin.

Macht sich aber Sorgen aus Angst vor Enttäuschung

oder blamierender Zurückweisung und davor, die Sicherheit zuverlässiger Beziehungen oder einer Bindung entbehren zu müssen.

FARBEN 51 6

Ihre Motive, Gefühle und Bedürfnisse

Sehnt sich nach reizvoller und einfühlsamer Übereinstimmung, nach verständnisvoller und intimer Verliebtheit und Verbundenheit.

Möchte rücksichtsvoll und mit Zartgefühl verstanden werden.

Empfindet eine solche Beziehung als faszinierenden, idealen Harmoniezustand.

Gibt sich Interessen, welche die Gefühle ansprechen (beispielsweise psychologischen oder ästhetischen Interessen) mit empfindsamer Einfühlung und anhaltender Faszination hin.

Will als Persönlichkeit respektiert werden. Will sich bewähren und den Anforderungen gewachsen sein.

Gibt darum dem Bedürfnis nach Genuß und nach entspannter Behaglichkeit nur dann nach, wenn es die Umstände erlauben.

FARBEN 5 2 0

Ihre Motive, Gefühle und Bedürfnisse

Liebt das ausgewählt Besondere. Hebt sich dadurch von anderen ab. Vermag durch Attraktivität zu imponieren. Ist gewandt. Dirigiert die Einflußnahme, um die Ansprüche durchzusetzen.
Kontrolliert sich und beobachtet die eigene Wirkung und die Reaktion der anderen mit wacher Aufmerksamkeit. Will intensiv erleben und auf keinen Fall zu kurz kommen. Kann sich stark engagieren, aber sich deshalb zuweilen auch unnötig einmischen. Wird dann ungeduldig, wenn der andere zögernd und unentschieden ist.

FARBEN 5 2 1

Ihre Motive, Gefühle und Bedürfnisse

Ist mit dem Erreichten noch nicht zufrieden. Entzieht sich unbefriedigenden Bindungen und Abhängigkeiten. Will es anders, um die entbehrte Erfüllung zu finden. Ist empfindlich und rasch ungeduldig.
Liebt das ausgewählt Besondere. Hebt sich dadurch von anderen ab. Vermag durch Attraktivität zu imponieren. Ist gewandt. Dirigiert die Einflußnahme, um die Ansprüche durchzusetzen.
Kontrolliert sich und beobachtet die eigene Wirkung und die Reaktion der anderen mit wacher Aufmerksamkeit.

FARBEN **52**3

Ihre Motive, Gefühle und Bedürfnisse

Sieht Hindernisse und Schwierigkeiten, sich in einer als wesentlich empfundenen Absicht erfolgreich durchsetzen zu können. Ist deshalb empfindlich und leicht verletzbar.

Liebt das ausgewählt Besondere. Hebt sich dadurch von anderen ab. Vermag durch Attraktivität zu imponieren. Ist gewandt. Dirigiert die Einflußnahme und versucht, die Ansprüche trotz der Schwierigkeiten durchzusetzen. Kontrolliert sich und beobachtet die eigene Wirkung und die Reaktion der anderen mit wacher Aufmerksamkeit.

FARBEN **52**4

Ihre Motive, Gefühle und Bedürfnisse

Hat eigentlich Angst vor Enttäuschungen und blamierenden Zurückweisungen. Will sich aber dagegen schützen. Bemüht sich deshalb, sich durch Zuverlässigkeit zu bewähren.

Liebt das ausgewählt Besondere. Hebt sich dadurch von anderen ab. Vermag durch Attraktivität zu imponieren. Ist gewandt. Dirigiert die Einflußnahme, um die Ansprüche durchzusetzen.

Kontrolliert sich und beobachtet die eigene Wirkung und die Reaktion der anderen mit wacher Aufmerksamkeit.

Ihre Motive, Gefühle und Bedürfnisse

Liebt das ausgewählt Besondere. Hebt sich dadurch von anderen ab. Vermag durch Attraktivität zu imponieren. Ist gewandt. Dirigiert die Einflußnahme, um die Ansprüche durchzusetzen.

Kontrolliert sich und beobachtet die eigene Wirkung und die Reaktion der anderen mit wacher Aufmerksamkeit. Will als Persönlichkeit respektiert werden. Will sich deshalb bewähren und den Anforderungen gewachsen sein. Gibt darum dem Bedürfnis nach Genuß und nach entspannter Behaglichkeit nur dann nach, wenn es die Umstände erlauben.

FARBEN 53 0

Ihre Motive, Gefühle und Bedürfnisse

Ist vom Reiz des Außergewöhnlichen und Besonderen fasziniert. Ist von dem animiert, was eine beeindrukkende und erotische Wirkung ausübt. Versteht es, den Einfluß auf andere einfühlsam zu dirigieren.
Will intensiv erleben und auf keinen Fall zu kurz kommen. Kann sich stark engagieren, aber sich deshalb zuweilen auch unnötig einmischen. Wird besonders dann ungeduldig, wenn der andere zögernd und unentschieden ist.

FARBEN 53 1

Ihre Motive, Gefühle und Bedürfnisse

Wehrt sich gegen Erlebnisleere und Langeweile. Entzieht sich deshalb unbefriedigenden Bindungen und Abhängigkeiten. Ist mit dem Erreichten noch nicht zufrieden. Will es anders und will mehr.
Ist vom Reiz des Außergewöhnlichen und Besonderen fasziniert. Ist von dem animiert, was eine beeindrukkende und erotische Wirkung ausübt.
Versteht es, den Einfluß auf andere einfühlsam zu dirigieren.

FARBEN 53 2

Ihre Motive, Gefühle und Bedürfnisse

Ist vom Reiz des Außergewöhnlichen und Besonderen fasziniert. Ist von dem animiert, was eine beeindrukkende und erotische Wirkung ausübt.
Versteht es, den Einfluß auf andere einfühlsam zu dirigieren.

94

Wehrt sich gegen eine Behinderung der eigenen Ansprüche. Will auf sie nicht verzichten, sondern nach freiem Belieben leben können.
Weicht Behinderungen aus, wenn sie als Einengung empfunden werden.

FARBEN 53₄

Ihre Motive, Gefühle und Bedürfnisse

Ist vom Reiz des Außergewöhnlichen und Besonderen fasziniert. Ist von dem animiert, was eine beeindruckende und erotische Wirkung ausübt.
Versteht es, den Einfluß auf andere einfühlsam zu dirigieren.
Macht sich aber Sorgen aus Angst vor Enttäuschung, vor blamierender Zurückweisung und davor, die Sicherheit zuverlässiger Beziehungen entbehren zu müssen.

FARBEN 53₆

Ihre Motive, Gefühle und Bedürfnisse

Ist vom Reiz des Außergewöhnlichen und Besonderen fasziniert. Ist von dem animiert, was eine beeindruckende und erotische Wirkung ausübt.
Versteht es, den Einfluß auf andere einfühlsam zu dirigieren.
Will als Persönlichkeit respektiert werden. Will sich deshalb bewähren und den Anforderungen gewachsen sein.
Gibt darum dem Bedürfnis nach Genuß und nach entspannter Behaglichkeit nur dann nach, wenn es die Umstände erlauben.

FARBEN 54 0

Ihre Motive, Gefühle und Bedürfnisse

Sehnt sich nach feinfühliger Übereinstimmung und begeistertem Mitgehen in der Partnerbeziehung.
Wendet sich mit charmanter Aufgeschlossenheit solchen Interessen zu, die das Bedürfnis nach erotischen und ästhetischen Erlebnissen (beispielsweise Psychologie, Kunst, Musik, Reisen) befriedigen. Überläßt Gedanken und Gefühle gerne reizvollen Ideen.
Ist voller Erwartung und deshalb leicht zu begeistern.
Will intensiv erleben und auf keinen Fall zu kurz kommen. Kann sich dafür stark engagieren.

FARBEN 54 1

Ihre Motive, Gefühle und Bedürfnisse

Wehrt sich gegen Erlebnisleere und Langeweile. Entzieht sich deshalb unbefriedigenden Bindungen und Abhängigkeiten.
Ist mit dem Erreichten noch nicht zufrieden. Will es anders und sehnt sich nach feinfühliger Übereinstimmung und begeistertem Mitgehen in der Partnerbeziehung.
Wendet sich mit charmanter Aufgeschlossenheit solchen Interessen zu, die das Bedürfnis nach erotischen und ästhetischen Erlebnissen (beispielsweise Psychologie, Kunst, Musik, Reisen) befriedigen. Überläßt Gedanken und Gefühle gerne reizvollen Ideen.
Ist voller Erwartung und deshalb leicht zu begeistern.

FARBEN 5 4 2

Ihre Motive, Gefühle und Bedürfnisse

Sehnt sich nach feinfühliger Übereinstimmung und begeistertem Mitgehen in der Partnerbeziehung.
Wendet sich mit charmanter Aufgeschlossenheit solchen Interessen zu, die das Bedürfnis nach erotischen und ästhetischen Erlebnissen (beispielsweise Psychologie, Kunst, Musik, Reisen) befriedigen. Überläßt Gedanken und Gefühle gerne reizvollen Ideen.
Ist voller Erwartung und deshalb leicht zu begeistern.
Wehrt sich gegen eine Behinderung der eigenen Ansprüche. Will auf sie nicht verzichten, sondern nach freiem Belieben leben können.
Weicht Behinderungen aus, wenn sie als Einengung empfunden werden.

FARBEN 5 4 3

Ihre Motive, Gefühle und Bedürfnisse

Findet es schwierig, die begehrte Absicht erfolgreich durchzusetzen.
Ist durch diese aufreibenden Bedingungen oder Zumutungen überfordert.
Dadurch ist das Vertrauen in die eigene Kraft geschwächt.
Sehnt sich deshalb nach feinfühliger Übereinstimmung und begeistertem Mitgehen in der Partnerbeziehung.
Wendet sich mit charmanter Aufgeschlossenheit solchen Interessen zu, die das Bedürfnis nach erotischen und ästhetischen Erlebnissen (beispielsweise Psychologie, Kunst, Musik, Reisen) befriedigen. Überläßt Gedanken und Gefühle gerne reizvollen Ideen.
Ist voller Erwartung und deshalb leicht zu begeistern.

FARBEN 54 6

Ihre Motive, Gefühle und Bedürfnisse

Sehnt sich nach feinfühliger Übereinstimmung und begeistertem Mitgehen in der Partnerbeziehung.

Wendet sich mit charmanter Aufgeschlossenheit solchen Interessen zu, die das Bedürfnis nach erotischen und ästhetischen Erlebnissen (beispielsweise Psychologie, Kunst, Musik, Reisen) befriedigen. Überläßt Gedanken und Gefühle gerne reizvollen Ideen.

Ist voller Erwartung und deshalb leicht zu begeistern.

Will als Persönlichkeit respektiert werden. Will deshalb den Anforderungen gewachsen sein.

Gibt darum dem Bedürfnis nach Genuß und nach entspannter Behaglichkeit nur dann nach, wenn es die Umstände erlauben.

FARBEN 560

Ihre Motive, Gefühle und Bedürfnisse

Hat Lust, das Bedürfnis nach dem Genuß von körperlichen Empfindungen zu befriedigen. Möchte in zärtlicher Verschmelzung und in warmem Behagen verweilen. Hat ein starkes Bedürfnis, sinnliche und erotische Empfindungen zu erleben.
Will intensiv erleben und auf keinen Fall zu kurz kommen.

FARBEN 561

Ihre Motive, Gefühle und Bedürfnisse

Ist durch das Fehlen einer befriedigenden Verbundenheit und Zugehörigkeit innerlich isoliert und unerfüllt.
Hat deshalb Lust, das Bedürfnis nach dem Genuß von körperlichen Empfindungen zu befriedigen. Möchte in zärtlicher Verschmelzung und in warmem Behagen verweilen. Hat ein starkes Bedürfnis, sinnliche und erotische Empfindungen zu erleben.

FARBEN 562

Ihre Motive, Gefühle und Bedürfnisse

Hat eigenwillige Ansprüche und stößt damit auf Widerstand. Entbehrt Anerkennung und den Respekt, der als angemessen erwartet wird.
Will aber nicht verzichten, sondern sich verwöhnen. Hat deshalb Lust, das Bedürfnis nach dem Genuß von körperlichen Empfindungen zu befriedigen. Möchte in zärtlicher Verschmelzung und in warmem Behagen verweilen. Hat ein starkes Bedürfnis, sinnliche und erotische Empfindungen zu erleben.

56

FARBEN 56 3

Ihre Motive, Gefühle und Bedürfnisse

Leidet darunter, sich in einer als wesentlich empfundenen Absicht nicht erfolgreich durchsetzen zu können. Dadurch ist das Vertrauen in die eigene Kraft geschwächt.

Hat um so mehr Lust, das Bedürfnis nach dem Genuß von körperlichen Empfindungen zu befriedigen. Möchte in zärtlicher Verschmelzung und in warmem Behagen verweilen. Hat ein starkes Bedürfnis, sinnliche und erotische Empfindungen zu erleben.

FARBEN 56 4

Ihre Motive, Gefühle und Bedürfnisse

Hat Angst vor dem Verlust der Beziehungen, die ein Gefühl der Sicherheit vermitteln.

Hat eine starke Lust, das Bedürfnis nach dem Genuß von körperlichen Empfindungen zu befriedigen. Möchte in zärtlicher Verschmelzung und in warmem Behagen verweilen. Hat ein starkes Bedürfnis, sinnliche und erotische Empfindungen zu erleben.

FARBEN 60 1

Ihre Motive, Gefühle und Bedürfnisse

Ist mit dem Zustand nicht zufrieden. Entzieht sich unbefriedigenden Bindungen und Abhängigkeiten. Will es anders, um die entbehrte Ruhe und Befriedigung zu finden.

Will sich gegen aufreibende Probleme, gegen zermürbende Konflikte und gegen deprimierende Belastungen abschirmen. Möchte die innere Unruhe betäuben.

Sehnt sich nach problemfreier Behaglichkeit und körperlicher Erholung.

FARBEN 60 2

Ihre Motive, Gefühle und Bedürfnisse

Reibt sich am Widerstand auf, der den eigenen Ansprüchen entgegengebracht wird. Weicht den Behinderungen aus, weil sie als Einengung empfunden werden.

Will sich gegen die Probleme, gegen die zermürbenden Konflikte und gegen die deprimierenden Belastungen abschirmen. Möchte den inneren Spannungszustand betäuben.

Sehnt sich nach problemfreier Behaglichkeit und körperlicher Erholung.

FARBEN 60 3

Ihre Motive, Gefühle und Bedürfnisse

Findet es schwierig, die begehrte Absicht erfolgreich durchzusetzen. Ist durch diese aufreibenden Bedingungen oder Zumutungen überfordert. Dadurch ist das Vertrauen in die eigene Kraft geschwächt.

Will sich gegen zermürbende Konflikte und gegen de-

primierende Belastungen abschirmen. Möchte den inneren Spannungszustand beruhigen.
Sehnt sich nach problemfreier Behaglichkeit und körperlicher Erholung.

FARBEN 60 4

Ihre Motive, Gefühle und Bedürfnisse

Will sich gegen aufreibende Probleme, gegen zermürbende Konflikte und gegen deprimierende Belastungen abschirmen. Möchte den inneren Spannungszustand beruhigen.
Sehnt sich nach problemfreier Behaglichkeit und körperlicher Erholung.
Macht sich Sorgen aus Angst vor Enttäuschung und davor, die Sicherheit zuverlässiger Beziehungen oder einer Bindung entbehren zu müssen.

FARBEN 60 5

Ihre Motive, Gefühle und Bedürfnisse

Ist in den hochgesteckten Erwartungen enttäuscht worden und dadurch ernüchtert. Beobachtet die Verhältnisse kritisch.
Möchte sich gegen die eigene Empfindlichkeit schützen. Bleibt darum bei Gefühlsbeziehungen oftmals beobachtend und distanziert. Will sich gegen aufreibende Probleme, gegen zermürbende Konflikte und gegen deprimierende Belastungen abschirmen.
Sehnt sich nach problemfreier Behaglichkeit und körperlicher Erholung.

FARBEN 610

Ihre Motive, Gefühle und Bedürfnisse
Empfindet die innere Isoliertheit und die deprimierenden Probleme als zermürbend und ermüdend.
Neigt dazu, Konfliktspannungen durch die Befriedigung
behaglicher Sinnesempfindungen zu betäuben. Will sie
intensiv erleben und auf keinen Fall zu kurz kommen.
Möchte jetzt eine konfliktlose Partnerschaft und Verbundenheit finden und nicht unter der Leere einer Trennung
leiden müssen.

FARBEN 612

Ihre Motive, Gefühle und Bedürfnisse
Wehrt sich gegen die Behinderung der eigenen Bedürfnisse und Ansprüche. Will darauf nicht verzichten.
Empfindet die innere Isoliertheit und die deprimierenden Probleme als zermürbend und ermüdend.
Neigt dazu, Konfliktspannungen durch die Befriedigung
behaglicher Sinnesempfindungen zu betäuben.
Möchte eine konfliktlose Partnerschaft und Verbundenheit finden und nicht unter der Leere einer Trennung
leiden müssen.

FARBEN 613

Ihre Motive, Gefühle und Bedürfnisse

Findet es schwierig, die begehrte Absicht erfolgreich durchzusetzen.

Ist durch diese aufreibenden Bedingungen oder Zumutungen überfordert. Dadurch ist das Vertrauen in die eigene Kraft geschwächt.

Empfindet die innere Isoliertheit und die deprimierenden Probleme als zermürbend und ermüdend.

Neigt dazu, Konfliktspannungen durch die Befriedigung behaglicher Sinnesempfindungen zu betäuben.

Möchte eine konfliktlose Partnerschaft und Verbundenheit finden und nicht unter der Leere einer Trennung leiden müssen.

FARBEN 614

Ihre Motive, Gefühle und Bedürfnisse

Empfindet die innere Isoliertheit und die deprimierenden Probleme als zermürbend und ermüdend.

Neigt dazu, Konfliktspannungen durch die Befriedigung behaglicher Sinnesempfindungen zu betäuben.

Möchte eine konfliktlose Partnerschaft und Verbundenheit finden und nicht unter der Leere einer Trennung leiden müssen.

Macht sich Sorgen aus Angst vor Enttäuschung oder wegen blamierender Zurückweisung. Befürchtet, die Sicherheit zuverlässiger Beziehungen oder einer Bindung entbehren zu müssen.

Ihre Motive, Gefühle und Bedürfnisse

Ist in den Erwartungen enttäuscht worden und dadurch
ernüchtert. Beobachtet die Verhältnisse kritisch.
Möchte sich gegen die eigene Empfindlichkeit schützen.
Bleibt darum bei Gefühlsbeziehungen oftmals beobachtend.
Empfindet aber die innere Isoliertheit und die deprimierenden Probleme als zermürbend und ermüdend.
Neigt dazu, Konfliktspannungen durch die Befriedigung
behaglicher Sinnesempfindungen zu betäuben.
Möchte eine konfliktlose Partnerschaft und Verbundenheit finden und nicht unter der Leere einer Trennung
leiden müssen.

FARBEN **62**0

Ihre Motive, Gefühle und Bedürfnisse

Empfindet die bestehende Situation als zermürbend.
Wehrt sich aber dagegen, in eine depressive Erschlaffung abzusinken. Will sich mit stur wirkendem Widerstand gegen die Probleme wehren.
Benötigt jetzt dringend eine konfliktfreie Stabilität.
Versucht, die äußere Haltung zu wahren und die innere Resignation nicht zu zeigen.

FARBEN **62**1

Ihre Motive, Gefühle und Bedürfnisse

Wehrt sich gegen Erlebnisleere und Langeweile. Entzieht sich deshalb unbefriedigenden Bindungen und Abhängigkeiten. Ist mit dem Zustand nicht zufrieden. Will es anders haben, um die entbehrte Erfüllung zu finden.
Empfindet die bestehende Situation als zermürbend.
Wehrt sich aber dagegen, in eine depressive Erschlaffung abzusinken.
Will sich mit stur wirkendem Widerstand gegen die Probleme wehren.
Benötigt eine konfliktfreie Stabilität.
Versucht, die äußere Haltung zu wahren und die innere Resignation nicht zu zeigen.

Ihre Motive, Gefühle und Bedürfnisse

Findet es schwierig, die begehrte Absicht erfolgreich durchzusetzen. Ist durch die aufreibenden Bedingungen oder Zumutungen überfordert.
Empfindet die bestehende Situation als zermürbend. Wehrt sich aber dagegen, in eine depressive Erschlaffung abzusinken. Will sich mit stur wirkendem Widerstand gegen die Probleme wehren.
Benötigt eine konfliktfreie Stabilität.
Versucht, die äußere Haltung zu wahren und die innere Resignation nicht zu zeigen.

Farben **6 2** 4

Ihre Motive, Gefühle und Bedürfnisse

Macht sich Sorgen aus Angst vor Enttäuschung oder blamierender Zurückweisung. Befürchtet, die Sicherheit zuverlässiger Beziehungen oder einer Bindung entbehren zu müssen.
Empfindet die bestehende Situation als zermürbend. Wehrt sich aber dagegen, in eine depressive Erschlaffung abzusinken. Will sich mit stur wirkendem Widerstand gegen die Probleme wehren.
Benötigt eine konfliktfreie Stabilität.
Versucht, die äußere Haltung zu wahren und die innere Resignation nicht zu zeigen.

Ihre Motive, Gefühle und Bedürfnisse

Ist in den hochgesteckten Erwartungen enttäuscht worden und dadurch ernüchtert. Beobachtet die Verhältnisse kritisch. Will sich gegen die eigene Empfindlichkeit schützen. Bleibt darum bei Gefühlsbeziehungen oftmals beobachtend und distanziert.

Empfindet die bestehende Situation als zermürbend. Wehrt sich aber dagegen, in eine depressive Erschlaffung abzusinken. Will sich mit stur wirkendem Widerstand gegen die Probleme wehren.

Benötigt eine konfliktfreie Stabilität.

Versucht, die äußere Haltung zu wahren und die innere Resignation nicht zu zeigen.

FARBEN 6 3 0

Ihre Motive, Gefühle und Bedürfnisse

Schiebt Ideale und Rücksichtnahme beiseite.
Versucht, Konfliktspannungen und Enttäuschtheit oder
aggressive Gereiztheit durch sinnliche Genüsse oder
sexuelle Befriedigung zu betäuben.
Will intensiv erleben und auf keinen Fall zu kurz kommen. Kann sich stark engagieren, aber sich deshalb
zuweilen auch unnötig einmischen. Wird besonders
dann ungeduldig, wenn der andere zögernd und unentschieden ist.

FARBEN 6 3 1

Ihre Motive, Gefühle und Bedürfnisse

Wehrt sich gegen Erlebnisleere und Langeweile. Entzieht
sich deshalb unbefriedigenden Bindungen und Abhängigkeiten. Ist mit dem Zustand nicht zufrieden. Will es
anders haben und will mehr. Schiebt Ideale und Rücksichtnahme beiseite.
Versucht, Konfliktspannungen und Enttäuschtheit oder
aggressive Gereiztheit durch sinnliche Genüsse oder
sexuelle Befriedigung zu betäuben.

FARBEN 6 3 2

Ihre Motive, Gefühle und Bedürfnisse

Wehrt sich gegen eine Behinderung der eigenwilligen
Ansprüche. Will auf sie nicht verzichten, sondern nach
freiem Belieben leben können. Weicht notwendigen Erfordernissen aus, wenn sie als Einengung empfunden
werden und umgeht solche Behinderungen. Schiebt
Ideale und Rücksichtnahme beiseite. Versucht, Konflikt-

spannungen und Enttäuschtheit oder aggressive Gereiztheit durch sinnliche Genüsse oder sexuelle Befriedigung
zu betäuben.

FARBEN 6 3 4

Ihre Motive, Gefühle und Bedürfnisse

Schiebt Ideale und Rücksichtnahme beiseite. Versucht,
Konfliktspannungen und Enttäuschtheit oder aggressive
Gereiztheit durch sinnliche Genüsse oder sexuelle Befriedigung zu betäuben. Hat aber Angst vor Enttäuschungen oder vor blamierender Zurückweisung und
befürchtet, die Sicherheit zuverlässiger Beziehungen entbehren zu müssen.

FARBEN 6 3 5

Ihre Motive, Gefühle und Bedürfnisse

Ist in den Erwartungen enttäuscht worden und dadurch
ernüchtert.
Beobachtet die Verhältnisse kritisch. Kann Unerwünschtes mit Schärfe kritisieren. Bleibt darum bei Gefühlsbeziehungen oftmals beobachtend und distanziert.
Will jetzt Ideale und Rücksichtnahme beiseite schieben.
Versucht, Enttäuschtheit und Konfliktspannungen oder
aggressive Gereiztheit durch sinnliche Genüsse oder
sexuelle Befriedigung zu betäuben.

FARBEN 6 4 0

Ihre Motive, Gefühle und Bedürfnisse

Möchte weiteren Konflikten ausweichen.
Hat ein starkes Bedürfnis nach befreiender Gemütlichkeit. Sehnt sich nach einem erholsamen Ferienparadies, das Unbekümmertheit, Genuß und Befriedigung bietet und möchte auf keinen Fall zu kurz kommen.

FARBEN 6 4 1

Ihre Motive, Gefühle und Bedürfnisse

Wehrt sich gegen Erlebnisleere und Langeweile. Ist mit dem Zustand nicht zufrieden. Will es anders, um die entbehrte Erfüllung zu finden. Entzieht sich deshalb unbefriedigenden Bindungen und Abhängigkeiten.
Möchte weiteren Konflikten ausweichen. Hat ein starkes Bedürfnis nach befreiender Gemütlichkeit. Sehnt sich nach einem erholsamen Ferienparadies, das Unbekümmertheit, Genuß und Befriedigung bietet.

FARBEN 6 4 2

Ihre Motive, Gefühle und Bedürfnisse

Wehrt sich gegen eine Behinderung der eigenen Bedürfnisse und Ansprüche. Will darauf nicht verzichten, sondern nach freiem Belieben leben können.
Weicht notwendigen Erfordernissen aus, wenn sie als Einengung empfunden werden und umgeht solche Behinderungen.
Hat ein starkes Bedürfnis nach befreiender Gemütlichkeit. Sehnt sich nach einem erholsamen Ferienparadies, das Unbekümmertheit, Genuß und Befriedigung bietet.

FARBEN 6 4 3

Ihre Motive, Gefühle und Bedürfnisse

Findet es schwierig, die begehrte Absicht erfolgreich durchzusetzen. Ist durch diese aufreibenden Bedingungen oder Zumutungen überfordert. Dadurch ist das Vertrauen in die eigene Kraft geschwächt.
Möchte weiteren Konflikten ausweichen.
Hat ein starkes Bedürfnis nach befreiender Gemütlichkeit. Sehnt sich nach einem erholsamen Ferienparadies, das Unbekümmertheit, Genuß und Befriedigung bietet.

FARBEN 6 4 5

Ihre Motive, Gefühle und Bedürfnisse

Ist in den Erwartungen enttäuscht worden und dadurch ernüchtert. Beobachtet die Verhältnisse kritisch.
Will sich gegen die eigene Empfindlichkeit schützen. Bleibt darum bei Gefühlsbeziehungen oftmals beobachtend und distanziert. Möchte weiteren Konflikten ausweichen.
Hat ein starkes Bedürfnis nach befreiender Gemütlichkeit. Sehnt sich nach einem erholsamen Ferienparadies, das Unbekümmertheit, Genuß und Befriedigung bietet.

FARBEN 650

Ihre Motive, Gefühle und Bedürfnisse

Will intensiv erleben und auf keinen Fall zu kurz kommen.
Möchte die Bedürfnisse durch den Genuß von körperlichen Empfindungen befriedigen. Möchte in warmem Behagen verweilen und sinnliche Empfindungen erleben.

FARBEN 651

Ihre Motive, Gefühle und Bedürfnisse

Wehrt sich gegen Erlebnisleere und Langeweile. Ist mit dem Zustand nicht zufrieden. Will es anders, um die entbehrte Erfüllung zu finden. Entzieht sich deshalb unbefriedigenden Bindungen und Abhängigkeiten.
Möchte in warmem Behagen verweilen und sinnliche Empfindungen erleben. Möchte die unerfüllten Bedürfnisse durch den Genuß von körperlichen Empfindungen befriedigen.

FARBEN 652

Ihre Motive, Gefühle und Bedürfnisse

Wehrt sich gegen eine Behinderung der eigenen Bedürfnisse und Ansprüche. Will darauf nicht verzichten, sondern nach freiem Belieben leben können. Weicht notwendigen Erfordernissen aus, wenn sie als Einengung empfunden werden, und umgeht solche Behinderungen.
Möchte in warmem Behagen verweilen und sinnliche Empfindungen erleben. Möchte die Bedürfnisse durch den Genuß von körperlichen Empfindungen befriedigen.

FARBEN 6 5 3

Ihre Motive, Gefühle und Bedürfnisse

Findet es schwierig, die begehrte Absicht erfolgreich durchzusetzen. Ist durch diese aufreibenden Bedingungen oder Zumutungen überfordert. Dadurch ist das Vertrauen in die eigene Kraft geschwächt.

Möchte am liebsten in warmem Behagen verweilen und sinnliche Empfindungen erleben. Möchte die Bedürfnisse durch den Genuß von körperlichen Empfindungen befriedigen.

FARBEN 6 5 4

Ihre Motive, Gefühle und Bedürfnisse

Macht sich Sorgen aus Angst vor Enttäuschung oder vor blamierender Zurückweisung. Befürchtet, die Sicherheit zuverlässiger Beziehungen oder einer Bindung entbehren zu müssen.

Möchte in warmem Behagen verweilen und sinnliche Empfindungen erleben. Möchte durch den Genuß von körperlichen Empfindungen Befriedigung und das Gefühl einer Geborgenheit finden.

2
Auswertung der drei gewählten Formen

FORMEN 01 2

Die erwünschte und beabsichtigte Situation
Möchte jetzt in Frieden gelassen werden, um die innere Ruhe und Zufriedenheit wiederzufinden. Möchte deshalb auch keine Entscheidungen treffen müssen und durch keinerlei Druck oder Zwang beeinflußt werden.

FORMEN 01 3

Die erwünschte und beabsichtigte Situation
Will jetzt in Frieden gelassen werden, um die innere Ruhe und Zufriedenheit wiederzufinden. Möchte deshalb auch keine Entscheidungen treffen müssen und will von weiteren aufreibenden Konflikten verschont bleiben. Möchte darum mühsamen Auseinandersetzungen am liebsten aus dem Wege gehen.

FORMEN 01 4

Die erwünschte und beabsichtigte Situation
Möchte jetzt in Frieden gelassen werden, um die innere Ruhe und Zufriedenheit wiederzufinden. Möchte jetzt auch keine Entscheidungen treffen müssen.
Legt aber um so mehr Wert darauf, daß keine Unsicherheit entsteht, daß Beziehungen zuverlässig sind und eine Bindung als feste Zugehörigkeit empfunden werden kann.

FORMEN 015

Die erwünschte und beabsichtigte Situation
Beobachtet die Situation kritisch und möchte jetzt in
Frieden gelassen werden, um die innere Ruhe und Zu-
friedenheit wiederzufinden. Möchte deshalb auch keine
Entscheidungen treffen müssen.

FORMEN 016

Die erwünschte und beabsichtigte Situation
Strengt sich zwar an und läßt kein weichliches Sichgehenlassen zu. Möchte jetzt aber in Frieden gelassen
werden, um die innere Ruhe und Zufriedenheit wiederzufinden. Möchte deshalb auch keine Entscheidungen
treffen müssen.

FORMEN 02 1

Die erwünschte und beabsichtigte Situation

Findet, die bestehende Situation genüge nicht, und es brauche mehr andere Bedingungen, um wirklich einverstanden sein zu können.

Weiß zwar noch nicht wie, weiß aber, daß es anders werden muß und läßt sich in dieser Absicht weder beeinflussen noch umstimmen.

FORMEN 02 3

Die erwünschte und beabsichtigte Situation

Will von weiteren aufreibenden Konflikten verschont bleiben. Möchte deshalb mühsamen Auseinandersetzungen am liebsten aus dem Wege gehen.

Weiß zwar noch nicht wie, weiß aber, daß es anders werden muß und läßt sich in dieser Absicht weder beeinflussen noch umstimmen.

FORMEN 02 4

Die erwünschte und beabsichtigte Situation

Weiß zwar noch nicht wie, weiß aber, daß es anders werden muß. Läßt sich in dieser Absicht weder beeinflussen noch umstimmen.

Legt deshalb großen Wert darauf, daß keine Unsicherheit entsteht und daß Beziehungen zuverlässig sind.

FORMEN 02 5

Die erwünschte und beabsichtigte Situation
Beobachtet die Situation kritisch.
Weiß zwar noch nicht wie, weiß aber, daß es anders
werden muß. Läßt sich in dieser Absicht weder beeinflussen noch umstimmen.

FORMEN 02 6

Die erwünschte und beabsichtigte Situation
Weiß zwar noch nicht wie, weiß aber, daß es anders
werden muß. Läßt sich in dieser Absicht weder beeinflussen noch umstimmen.
Strengt sich dabei an und läßt kein weichliches Sichgehenlassen zu.

FORMEN 03 1

Die erwünschte und beabsichtigte Situation

Findet, die bestehende Situation genüge nicht, und es brauche mehr und andere Bedingungen, um wirklich einverstanden sein zu können.

Will die eigene Absicht durchsetzen, ist sich aber darüber nicht klar, wie das Ziel erreicht werden soll. Bleibt deshalb vorläufig noch zögernd und unentschlossen.

FORMEN 03 2

Die erwünschte und beabsichtigte Situation

Will zwar die Absicht durchsetzen, ist sich aber darüber noch nicht klar, wie das Ziel erreicht werden soll. Bleibt deshalb vorläufig zögernd und unentschlossen.

Läßt sich aber in der Absicht nicht behindern und durch keinerlei Druck und Zwang einengen. Lehnt jede Beeinflussung ab.

FORMEN 03 4

Die erwünschte und beabsichtigte Situation

Will zwar die Absicht durchsetzen, ist sich aber darüber nicht klar, wie das Ziel erreicht werden soll. Bleibt deshalb vorläufig zögernd und unentschlossen.

Legt um so mehr Wert darauf, daß keine Unsicherheit entsteht und daß Beziehungen zuverlässig sind.

FORMEN 03 5

Die erwünschte und beabsichtigte Situation

Will zwar die Absicht durchsetzen, ist sich aber darüber
nicht klar, wie das Ziel erreicht werden soll. Bleibt deshalb vorläufig zögernd und unentschlossen.
Beobachtet aber die Situation und prüft kritisch, inwiefern sie den eigenen Vorstellungen und Erwartungen
entspricht.

FORMEN 03 6

Die erwünschte und beabsichtigte Situation

Will die Absicht durchsetzen, ist sich aber darüber nicht
klar, wie das Ziel erreicht werden soll. Bleibt deshalb
vorläufig zögernd und unentschlossen.
Strengt sich aber an und läßt kein weichliches Sichgehenlassen zu.

FORMEN 04₁

Die erwünschte und beabsichtigte Situation

Möchte der schwererträglichen Drucksituation entfliehen. Weiß aber nicht wie. Bleibt deshalb unentschieden und läßt alle Möglichkeiten offen.
Findet, es brauche mehr und ganz andere Bedingungen, um mit der Situation wirklich einverstanden sein zu können.

FORMEN 04₂

Die erwünschte und beabsichtigte Situation

Möchte durch keinerlei Druck oder Zwang eingeengt werden, sondern möchte der schwererträglichen Drucksituation entfliehen. Weiß aber nicht wie. Bleibt deshalb unentschieden und läßt alle Möglichkeiten offen.

FORMEN 04₃

Die erwünschte und beabsichtigte Situation

Will von weiteren aufreibenden Konflikten verschont bleiben. Möchte deshalb mühsamen Auseinandersetzungen am liebsten aus dem Wege gehen und auch der schwererträglichen Drucksituation entfliehen. Weiß aber nicht wie. Bleibt deshalb unentschieden und läßt alle Möglichkeiten offen.

FORMEN 04 5

Die erwünschte und beabsichtigte Situation

Beobachtet die Situation kritisch und möchte der schwererträglichen Drucksituation entfliehen. Weiß aber nicht wie.
Bleibt deshalb unentschieden und läßt alle Möglichkeiten offen.

FORMEN 04 6

Die erwünschte und beabsichtigte Situation

Strengt sich zwar an und läßt kein weichliches Sichgehenlassen zu. Möchte aber der schwererträglichen Drucksituation entfliehen.
Weiß aber noch nicht wie. Bleibt deshalb unentschieden und läßt alle Möglichkeiten offen.

FORMEN 05 1

Die erwünschte und beabsichtigte Situation

Findet, die bestehende Situation genüge nicht, um sich damit zufriedenzugeben, und es brauche ganz andere Bedingungen, um wirklich einverstanden sein zu können.

Möchte zwar solche Verhältnisse erleben, die eine beschwingte, feinfühlig-reizvolle Resonanz ermöglichen.

Ist sich aber im unklaren, wie das zu erreichen sei.

Ist deshalb unentschlossen und bleibt scheu-zögernd.

FORMEN 05 2

Die erwünschte und beabsichtigte Situation

Möchte zwar solche Verhältnisse erleben, die eine beschwingte, feinfühlig-reizvolle Resonanz ermöglichen.

Ist sich aber im unklaren, wie das zu erreichen sei.

Ist deshalb unentschlossen und bleibt scheu-zögernd.

Läßt sich trotzdem nicht behindern und durch keinerlei Druck oder Zwang einengen und lehnt jede Beeinflussung ab.

FORMEN 05 3

Die erwünschte und beabsichtigte Situation

Will von weiteren aufreibenden Konflikten verschont bleiben.

Möchte deshalb mühsamen Auseinandersetzungen am liebsten aus dem Wege gehen.

Möchte dennoch solche Verhältnisse erleben, die eine beschwingte, feinfühlig-reizvolle Resonanz ermöglichen.

Ist sich aber im unklaren, wie das zu erreichen sei.

Ist deshalb unentschlossen und bleibt scheu-zögernd.

FORMEN 05₄

Die erwünschte und beabsichtigte Situation

Möchte zwar solche Verhältnisse erleben, die eine beschwingte, feinfühlig-reizvolle Resonanz ermöglichen.
Ist sich aber im unklaren, wie das zu erreichen sei.
Ist deshalb unentschlossen und bleibt scheu-zögernd.
Legt um so größeren Wert darauf, daß keine Unsicherheit entsteht, daß Beziehungen zuverlässig sind und eine Bindung als feste Zugehörigkeit empfunden werden kann.

FORMEN 05₆

Die erwünschte und beabsichtigte Situation

Möchte zwar solche Verhältnisse erleben, die eine beschwingte, feinfühlig-reizvolle Resonanz ermöglichen.
Ist sich aber im unklaren, wie das zu erreichen sei.
Ist deshalb unentschlossen und bleibt scheu-zögernd.
Strengt sich im allgemeinen aber an und läßt kein weichliches Sichgehenlassen zu.

FORMEN 06 1

Die erwünschte und beabsichtigte Situation

Findet, die bestehende Situation genüge nicht, um damit zufrieden zu sein, und es brauche ganz andere Bedingungen, um wirklich einverstanden sein zu können.
Braucht nach all dem Erlebten dringend Schonung und erholsame Behaglichkeit. Will sich deshalb abschirmen und keine Entscheidungen treffen müssen.

FORMEN 06 2

Die erwünschte und beabsichtigte Situation

Braucht nach all dem Erlebten dringend Schonung und erholsame Behaglichkeit. Will sich deshalb abschirmen und keine Entscheidungen treffen müssen.
Läßt sich auch durch keinerlei Druck oder Zwang beeinflussen.

FORMEN 06 3

Die erwünschte und beabsichtigte Situation

Braucht nach all dem Erlebten dringend Schonung und erholsame Behaglichkeit. Will sich deshalb abschirmen und keine Entscheidungen treffen müssen.
Will auch von weiteren aufreibenden Konflikten verschont bleiben. Möchte deshalb mühsamen Auseinandersetzungen am liebsten aus dem Wege gehen.

FORMEN 064

Die erwünschte und beabsichtigte Situation

Braucht nach all dem Erlebten dringend Schonung und erholsame Behaglichkeit. Will sich deshalb abschirmen und keine Entscheidungen treffen müssen. Legt um so größeren Wert darauf, daß keine Unsicherheit entsteht und daß Beziehungen zuverlässig sind.

FORMEN 065

Die erwünschte und beabsichtigte Situation

Beobachtet die Situation kritisch.
Braucht nach all dem Erlebten dringend Schonung und erholsame Behaglichkeit. Will sich deshalb abschirmen und keine Entscheidungen treffen müssen.

FORMEN 10 2

Die erwünschte und beabsichtigte Situation

Hat ein starkes Bedürfnis nach erholsamer, friedlicher Geborgenheit. Möchte deshalb jetzt keine Entscheidungen treffen müssen.
Läßt sich auch durch keinerlei Druck oder Zwang beeinflussen.

FORMEN 10 3

Die erwünschte und beabsichtigte Situation

Will von weiteren aufreibenden Konflikten verschont bleiben. Möchte deshalb mühsamen Auseinandersetzungen am liebsten aus dem Wege gehen.
Hat ein starkes Bedürfnis nach erholsamer, friedlicher Geborgenheit. Möchte jetzt keine Entscheidungen treffen müssen.

FORMEN 10 4

Die erwünschte und beabsichtigte Situation

Hat ein starkes Bedürfnis nach erholsamer, friedlicher Geborgenheit. Möchte jetzt keine Entscheidungen treffen müssen.
Legt deshalb großen Wert darauf, daß keine Unsicherheit entsteht, daß Beziehungen zuverlässig sind und eine Bindung als feste Zugehörigkeit empfunden werden kann.

FORMEN 105

Die erwünschte und beabsichtigte Situation

Hat ein starkes Bedürfnis nach erholsamer, friedlicher Geborgenheit. Möchte jetzt keine Entscheidungen treffen müssen.

Beobachtet die Situation aber und prüft kritisch, inwiefern sie den eigenen Vorstellungen und Erwartungen entspricht.

FORMEN 106

Die erwünschte und beabsichtigte Situation

Strengt sich zwar an und läßt kein weichliches Sichgehenlassen zu.

Hat aber ein starkes Bedürfnis nach erholsamer, friedlicher Geborgenheit und möchte jetzt keine Entscheidungen treffen müssen.

FORMEN 12 0

Die erwünschte und beabsichtigte Situation

Möchte sich der Aufgabe oder dem Menschen mit Konzentriertheit, mit verbindlichem Engagement und Ausdauer zuwenden, um sie zu verstehen und sich Klarheit zu verschaffen und Entscheidungen treffen zu können.

FORMEN 12 3

Die erwünschte und beabsichtigte Situation

Möchte sich der Aufgabe oder dem Menschen mit Konzentriertheit, mit verbindlichem Engagement und Ausdauer zuwenden, um diese bzw. diesen zu verstehen.
Möchte aber zu weiteren aufreibenden Konflikten verschont bleiben und mühsamen Auseinandersetzungen am liebsten aus dem Wege gehen.

FORMEN 12 4

Die erwünschte und beabsichtigte Situation

Möchte sich der Aufgabe oder dem Menschen mit Konzentriertheit, mit verbindlichem Engagement und Ausdauer zuwenden, um diese bzw. diesen zu verstehen.
Legt daher großen Wert darauf, daß keine Unsicherheit entsteht, daß Beziehungen zuverlässig sind und eine Bindung als feste Zugehörigkeit empfunden werden kann.

FORMEN 12₅

Die erwünschte und beabsichtigte Situation

Möchte sich der Aufgabe oder dem Menschen mit Konzentriertheit, mit verbindlichem Engagement und Ausdauer zuwenden, um diese bzw. diesen zu verstehen. Beobachtet die Situation zugleich kritisch, ob sie den eigenen Vorstellungen und Erwartungen entspricht.

FORMEN 12₆

Die erwünschte und beabsichtigte Situation

Möchte sich der Aufgabe oder dem Menschen mit Konzentriertheit, mit verbindlichem Engagement und Ausdauer zuwenden, um diese bzw. diesen zu verstehen. Strengt sich dafür an und läßt kein weichliches Sichgehenlassen zu.

FORMEN 13 0

Die erwünschte und beabsichtigte Situation

Möchte sich aktiv und mit Engagiertheit dafür einsetzen, daß eine harmonische Übereinstimmung zustande kommt. Bemüht sich um eine vertraute und dauernde Verbundenheit zu den nahestehenden Menschen.
Will Klarheit haben und Entscheidungen treffen können.

FORMEN 13 2

Die erwünschte und beabsichtigte Situation

Möchte sich aktiv und mit Engagiertheit dafür einsetzen, daß eine harmonische Übereinstimmung zustande kommt. Bemüht sich, daß eine vertraute und dauernde Verbundenheit zu den nahestehenden Menschen besteht. Läßt sich aber nicht behindern und durch keinerlei Druck oder Zwang einengen und lehnt jede Beeinflussung ab.

FORMEN 13 4

Die erwünschte und beabsichtigte Situation

Möchte sich aktiv und mit Engagiertheit dafür einsetzen, daß eine harmonische Übereinstimmung zustande kommt. Bemüht sich, daß eine vertraute und dauernde Verbundenheit zu den nahestehenden Menschen besteht. Legt daher großen Wert darauf, daß keine Unsicherheit entsteht, daß Beziehungen zuverlässig sind und eine Bindung als feste Zugehörigkeit empfunden werden kann.

Die erwünschte und beabsichtigte Situation

Möchte sich aktiv und mit Engagiertheit dafür einsetzen, daß eine harmonische Übereinstimmung zustande kommt. Bemüht sich, daß eine vertraute und dauernde Verbundenheit zu den nahestehenden Menschen besteht. Beobachtet die Situation darum kritisch, ob sie den eigenen Vorstellungen und Erwartungen entspricht.

FORMEN 13 6

Die erwünschte und beabsichtigte Situation

Möchte sich aktiv und mit Engagiertheit dafür einsetzen, daß eine harmonische Übereinstimmung zustande kommt. Bemüht sich, daß eine vertraute und dauernde Verbundenheit zu den nahestehenden Menschen besteht. Strengt sich dafür auch an und läßt kein weichliches Sichgehenlassen zu.

FORMEN 14 0

Die erwünschte und beabsichtigte Situation

Zwar besteht eine tiefe Sehnsucht nach harmonischer Übereinstimmung. Hat aber idealisierte Erwartungen und deshalb schwererfüllbare Ansprüche. Hat den Wunsch nach Perfektion und, daß die Bedingungen den eigenen Idealvorstellungen möglichst entsprechen. Will deshalb Klarheit haben und Entscheidungen treffen können.

FORMEN 14 2

Die erwünschte und beabsichtigte Situation

Zwar besteht eine tiefe Sehnsucht nach harmonischer Übereinstimmung. Hat aber idealisierte Erwartungen und deshalb schwererfüllbare Ansprüche. Hat den Wunsch nach Perfektion und, daß die Bedingungen den eigenen Idealvorstellungen möglichst entsprechen. Läßt sich darin durch keinerlei Druck oder Zwang behindern.

FORMEN 14 3

Die erwünschte und beabsichtigte Situation

Will von weiteren aufreibenden Konflikten verschont bleiben und mühsamen Auseinandersetzungen am liebsten aus dem Wege gehen.
Um so mehr besteht eine tiefe Sehnsucht nach harmonischer Übereinstimmung. Hat aber idealisierte Erwartungen und deshalb schwererfüllbare Ansprüche. Hat den Wunsch nach Perfektion und, daß die Bedingungen den eigenen Idealvorstellungen möglichst entsprechen.

Die erwünschte und beabsichtigte Situation

Zwar besteht eine tiefe Sehnsucht nach harmonischer Übereinstimmung. Hat aber idealisierte Erwartungen und deshalb schwererfüllbare Ansprüche. Hat den Wunsch nach Perfektion und, daß die Bedingungen den eigenen Idealvorstellungen möglichst entsprechen. Beobachtet alles und prüft kritisch, inwiefern es den eigenen Vorstellungen und Erwartungen entspricht.

FORMEN 14 6

Die erwünschte und beabsichtigte Situation

Zwar besteht eine tiefe Sehnsucht nach harmonischer Übereinstimmung. Hat aber idealisierte Erwartungen und deshalb schwererfüllbare Ansprüche. Hat den Wunsch nach Perfektion und, daß die Bedingungen den eigenen Idealvorstellungen möglichst entsprechen. Strengt sich dafür an und läßt kein weichliches Sichgehenlassen zu.

FORMEN 15 0

Die erwünschte und beabsichtigte Situation

Ist zu einer einfühlsamen, innigen Hingabe bereit. Hat ein starkes Bedürfnis nach einer dauernden, reizvoll-feinfühligen Verbundenheit.
Will zugleich aber Klarheit haben und Entscheidungen treffen können.

FORMEN 15 2

Die erwünschte und beabsichtigte Situation

Ist zu einer einfühlsamen, innigen Hingabe bereit. Hat ein starkes Bedürfnis nach einer dauernden, reizvoll-feinfühligen Verbundenheit.
Läßt sich dennoch nicht behindern und durch keinerlei Druck oder Zwang einengen.

FORMEN 15 3

Die erwünschte und beabsichtigte Situation

Ist zu einer einfühlsamen, innigen Hingabe bereit. Hat ein starkes Bedürfnis nach einer dauernden, reizvoll-feinfühligen Verbundenheit.
Will aber von weiteren aufreibenden Konflikten verschont bleiben und möchte mühsamen Auseinandersetzungen am liebsten aus dem Wege gehen.

Die erwünschte und beabsichtigte Situation

Ist zu einer einfühlsamen, innigen Hingabe bereit. Hat ein starkes Bedürfnis nach einer dauernden, reizvollfeinfühligen Verbundenheit.
Legt daher großen Wert darauf, daß keine Unsicherheit entsteht, daß Beziehungen zuverlässig sind und eine Bindung als feste Zugehörigkeit empfunden werden kann.

FORMEN

15

Die erwünschte und beabsichtigte Situation

Ist zu einer einfühlsamen, innigen Hingabe bereit. Hat ein starkes Bedürfnis nach einer dauernden, reizvollfeinfühligen Verbundenheit.
Strengt sich dafür an und läßt kein weichliches Sichgehenlassen zu.

FORMEN 16 0

Die erwünschte und beabsichtigte Situation

Will Klarheit haben und Entscheidungen treffen können.
Möchte eine erholsame Zufriedenheit finden. Sucht sie in
einer friedlichen Verbundenheit und in sinnlich behaglicher Befriedigung.

FORMEN 16 2

Die erwünschte und beabsichtigte Situation

Möchte eine erholsame Zufriedenheit finden. Sucht sie in
einer friedlichen Verbundenheit und in sinnlich behaglicher Befriedigung.
Läßt sich dabei nicht behindern und durch keinerlei
Druck oder Zwang einengen. Lehnt jede Beeinflussung
ab.

FORMEN 16 3

Die erwünschte und beabsichtigte Situation

Will von weiteren aufreibenden Konflikten verschont
bleiben und mühsamen Auseinandersetzungen am liebsten aus dem Wege gehen.
Möchte eine erholsame Zufriedenheit finden. Sucht sie in
einer friedlichen Verbundenheit und in sinnlich behaglicher Befriedigung.

FORMEN 164

Die erwünschte und beabsichtigte Situation

Möchte eine erholsame Zufriedenheit finden. Sucht sie in einer friedlichen Verbundenheit und in sinnlich behaglicher Befriedigung.
Legt daher großen Wert darauf, daß keine Unsicherheit entsteht, daß Beziehungen zuverlässig sind und eine Bindung als feste Zugehörigkeit empfunden werden kann.

FORMEN 165

Die erwünschte und beabsichtigte Situation

Möchte eine erholsame Zufriedenheit finden. Sucht sie in einer friedlichen Verbundenheit und in sinnlich behaglicher Befriedigung.
Bleibt aber zugleich kritisch und prüft, ob die Situation den eigenen Vorstellungen und Erwartungen entspricht.

FORMEN 20 1

Die erwünschte und beabsichtigte Situation

Findet, die bestehende Situation genüge nicht, um damit zufrieden zu sein, und es brauche ganz andere Bedingungen, um wirklich einverstanden sein zu können.
Beharrt deshalb auf dem Standpunkt und bleibt unzugänglich.

FORMEN 20 3

Die erwünschte und beabsichtigte Situation

Will von weiteren aufreibenden Konflikten verschont bleiben. Möchte deshalb mühsamen Auseinandersetzungen am liebsten aus dem Wege gehen.
Beharrt aber zugleich auf dem Standpunkt und bleibt unzugänglich.

FORMEN 20 4

Die erwünschte und beabsichtigte Situation

Legt großen Wert darauf, daß keine Unsicherheit entsteht, daß Beziehungen zuverlässig sind und eine Bindung als feste Zugehörigkeit empfunden werden kann.
Beharrt deshalb auf dem Standpunkt und bleibt unzugänglich.

140

Die erwünschte und beabsichtigte Situation

Beobachtet die Situation kritisch, weil sie den eigenen Vorstellungen und Erwartungen nicht entspricht. Beharrt deshalb auf dem Standpunkt und bleibt unzugänglich.

FORMEN 20 6

Die erwünschte und beabsichtigte Situation

Beharrt auf dem Standpunkt, bleibt unzugänglich und läßt kein weichliches Sichgehenlassen zu.

FORMEN 21 0

Die erwünschte und beabsichtigte Situation

Will Klarheit haben und Entscheidungen treffen können. Will im privaten Bereich und besonders bei der eigenen Arbeit selber bestimmen, um geordnete Verhältnisse zu haben und in einer befriedigenden Stabilität leben zu können.

FORMEN 21 3

Die erwünschte und beabsichtigte Situation

Will von weiteren aufreibenden Konflikten verschont bleiben und möchte mühsamen Auseinandersetzungen am liebsten aus dem Wege gehen.
Will zugleich im privaten Bereich und besonders bei der eigenen Arbeit selber bestimmen, um geordnete Verhältnisse zu haben und in einer befriedigenden Stabilität leben zu können.

FORMEN 21 4

Die erwünschte und beabsichtigte Situation

Will im privaten Bereich und besonders bei der eigenen Arbeit selber bestimmen, um geordnete Verhältnisse zu haben und in einer befriedigenden Stabilität leben zu können.
Legt deshalb großen Wert darauf, daß keine Unsicherheit entsteht, daß Beziehungen zuverlässig sind und eine Bindung als feste Zugehörigkeit empfunden werden kann.

FORMEN **21**5

Die erwünschte und beabsichtigte Situation

Will im privaten Bereich und besonders bei der eigenen
Arbeit selber bestimmen, um geordnete Verhältnisse zu
haben und in einer befriedigenden Stabilität leben zu
können.
Beobachtet deshalb die Situation und prüft kritisch, ob
sie den eigenen Vorstellungen und Erwartungen entspricht.

FORMEN **21**6

21

Die erwünschte und beabsichtigte Situation

Will im privaten Bereich und besonders bei der eigenen
Arbeit selber bestimmen, um geordnete Verhältnisse zu
haben und in einer befriedigenden Stabilität leben zu
können.
Strengt sich deshalb an und läßt kein weichliches Sichgehenlassen zu.

FORMEN

FORMEN **23**0

Die erwünschte und beabsichtigte Situation

Will als zuständig und maßgebend respektiert werden
und die Absicht konsequent durchsetzen.
Will deshalb Klarheit haben und Entscheidungen treffen
können.

FORMEN **23**1

Die erwünschte und beabsichtigte Situation

Will als zuständig und maßgebend respektiert werden
und die Absicht konsequent durchsetzen.
Findet aber, die bestehende Situation genüge nicht, um
sich damit zufriedenzugeben, und es brauche mehr und
andere Bedingungen, um wirklich einverstanden sein zu
können.

FORMEN **23**4

Die erwünschte und beabsichtigte Situation

Will als zuständig und maßgebend respektiert werden
und die Absicht konsequent durchsetzen.
Legt deshalb großen Wert darauf, daß keine Unsicherheit
entsteht und daß Beziehungen zuverlässig sind.

FORMEN 235

Die erwünschte und beabsichtigte Situation

Will als zuständig und maßgebend respektiert werden und die Absicht konsequent durchsetzen.

Beobachtet deshalb die Situation und prüft kritisch, inwiefern sie den eigenen Vorstellungen und Erwartungen entspricht.

FORMEN 236

Die erwünschte und beabsichtigte Situation

Will als zuständig und maßgebend respektiert werden und die Absicht konsequent durchsetzen.

Strengt sich dabei an und läßt kein weichliches Sichgehenlassen zu.

FORMEN 240

Die erwünschte und beabsichtigte Situation

Will die Situation klar erfassen und rasch einen Überblick haben, um richtig entscheiden und bestimmen zu können.

FORMEN 241

Die erwünschte und beabsichtigte Situation

Will die Situation klar erfassen und rasch einen Überblick haben, um richtig entscheiden und bestimmen zu können.
Findet, die bestehende Situation genüge nicht, und es brauche mehr und andere Bedingungen, um wirklich einverstanden sein zu können.

FORMEN 243

Die erwünschte und beabsichtigte Situation

Will die Situation klar erfassen und rasch einen Überblick haben, um richtig entscheiden und bestimmen zu können.
Will aber von weiteren aufreibenden Konflikten verschont bleiben und möchte mühsamen Auseinandersetzungen am liebsten aus dem Wege gehen.

FORMEN 24₅

Die erwünschte und beabsichtigte Situation

Will die Situation klar erfassen und rasch einen Überblick haben, um richtig entscheiden und bestimmen zu können.
Beobachtet alles und prüft kritisch, ob es den eigenen Vorstellungen und Erwartungen entspricht.

FORMEN 24₆

Die erwünschte und beabsichtigte Situation

Strengt sich an und läßt kein weichliches Sichgehenlassen zu.
Will die Situation klar erfassen und rasch einen Überblick haben, um richtig entscheiden und bestimmen zu können.

FORMEN 25 0

Die erwünschte und beabsichtigte Situation

Will Klarheit haben und Entscheidungen treffen können.
Will zugleich auf interessante und originell-reizvolle
Weise wirksam sein und sich Beachtung und Geltung
verschaffen.

FORMEN 25 1

Die erwünschte und beabsichtigte Situation

Will auf interessante und originell-reizvolle Weise imponieren und sich Beachtung und Geltung verschaffen.
Findet aber, die bestehende Situation genüge nicht, um
sich damit zufriedenzugeben, und es brauche mehr und
andere Bedingungen, um wirklich einverstanden sein zu
können.

FORMEN 25 3

Die erwünschte und beabsichtigte Situation

Will auf interessante und originell-reizvolle Weise erleben und sich Beachtung und Geltung verschaffen.
Will aber von aufreibenden Konflikten verschont bleiben
und deshalb mühsamen Auseinandersetzungen am liebsten aus dem Wege gehen.

FORMEN 25 4

Die erwünschte und beabsichtigte Situation

Will auf interessante und originell-reizvolle Weise wirken und sich Beachtung und Geltung verschaffen.
Legt großen Wert darauf, daß keine Unsicherheit entsteht, daß alles zuverlässig ist und eine Bindung als feste Zugehörigkeit empfunden werden kann.

FORMEN 25 6

Die erwünschte und beabsichtigte Situation

Will auf interessante und originell-reizvolle Weise wirksam sein und sich Beachtung und Geltung verschaffen.
Strengt sich dabei an und läßt kein weichliches Sichgehenlassen zu.

FORMEN 2 6 0

Die erwünschte und beabsichtigte Situation

Will Klarheit haben und Entscheidungen treffen können. Blockiert sich aber in der spontanen Befriedigung der sinnlich-behaglichen Bedürfnisse wegen des Anspruchs auf Respekt und auf würdigende Anerkennung. Versucht jedoch, das Unbefriedigtsein zu ignorieren, um sich zu schonen.

FORMEN 2 6 1

Die erwünschte und beabsichtigte Situation

Findet, die bestehende Situation genüge nicht, um sich damit zufriedenzugeben, und es brauche mehr und befriedigendere Bedingungen, um wirklich einverstanden sein zu können.

Blockiert sich zugleich in der spontanen Befriedigung der sinnlich-behaglichen Bedürfnisse wegen des Anspruchs auf Respekt und auf würdigende Anerkennung. Versucht jedoch, das Unbefriedigtsein zu ignorieren, um sich zu schonen.

FORMEN 2 6 3

Die erwünschte und beabsichtigte Situation

Will von weiteren aufreibenden Konflikten verschont bleiben und möchte mühsamen Auseinandersetzungen am liebsten aus dem Wege gehen.

Blockiert sich zugleich in der spontanen Befriedigung der sinnlich-behaglichen Bedürfnisse wegen des Anspruchs auf Respekt und auf würdigende Anerkennung. Versucht jedoch, das Unbefriedigtsein zu ignorieren, um sich zu schonen.

Die erwünschte und beabsichtigte Situation

Legt großen Wert darauf, daß keine Unsicherheit entsteht, daß Beziehungen zuverlässig sind und eine Bindung als feste Zugehörigkeit empfunden werden kann. Blockiert sich aber in der spontanen Befriedigung der sinnlich-behaglichen Bedürfnisse wegen des Anspruchs auf Respekt und auf würdigende Anerkennung. Versucht jedoch, das Unbefriedigtsein zu ignorieren, um sich zu schonen.

Die erwünschte und beabsichtigte Situation

Beobachtet die Situation und prüft kritisch, inwiefern sie den eigenen Vorstellungen und Erwartungen entspricht. Blockiert sich dabei in der spontanen Befriedigung der sinnlich-behaglichen Bedürfnisse wegen des Anspruchs auf Respekt und auf würdigende Anerkennung. Versucht aber, das Unbefriedigtsein zu ignorieren, um sich zu schonen.

FORMEN 301

Die erwünschte und beabsichtigte Situation

Findet, die bestehende Situation genüge nicht, um sich damit zufriedenzugeben, und es brauche mehr und andere Bedingungen, um wirklich einverstanden sein zu können.

Möchte das erwünschte Ziel zwar mit aktivem Einsatz erreichen. Ist aber darüber unschlüssig, wie es geschehen soll.

FORMEN 302

Die erwünschte und beabsichtigte Situation

Möchte zwar das Ziel mit aktivem Einsatz erreichen. Ist aber darüber unschlüssig, wie es geschehen soll.

Läßt sich jedoch nicht behindern und durch keinerlei Druck oder Zwang einengen und lehnt jede Beeinflussung ab.

FORMEN 304

Die erwünschte und beabsichtigte Situation

Möchte zwar das Ziel mit aktivem Einsatz erreichen. Ist aber darüber unschlüssig, wie es geschehen soll.

Legt jedoch großen Wert darauf, daß keine Unsicherheit entsteht und alle Beziehungen zuverlässig sind.

FORMEN 30₅

Die erwünschte und beabsichtigte Situation
Möchte zwar das Ziel mit aktivem Einsatz erreichen. Ist
aber darüber unschlüssig, wie es geschehen soll.
Beobachtet deshalb die Situation und prüft kritisch,
inwiefern sie den eigenen Vorstellungen und Erwartungen entspricht.

FORMEN 30₆

Die erwünschte und beabsichtigte Situation
Möchte zwar das Ziel mit aktivem Einsatz erreichen. Ist
aber darüber unschlüssig, wie es geschehen soll.
Strengt sich trotzdem an und läßt kein weichliches Sichgehenlassen zu.

FORMEN 310

Die erwünschte und beabsichtigte Situation

Möchte sich für die Aufgabe und die nahestehenden Menschen mit engagierter Hingabe einsetzen, um eine einträchtige, harmonische Beziehung zu schaffen.
Will zugleich Klarheit haben und Entscheidungen treffen können.

FORMEN 312

Die erwünschte und beabsichtigte Situation

Möchte sich für die Aufgabe und die nahestehenden Menschen mit engagierter Hingabe einsetzen, um eine einträchtige, harmonische Beziehung zu schaffen.
Läßt sich dabei durch keinerlei Druck oder Zwang behindern und lehnt jede Beeinflussung ab.

FORMEN 314

Die erwünschte und beabsichtigte Situation

Möchte sich für die Aufgabe und die nahestehenden Menschen mit engagierter Hingabe einsetzen, um eine einträchtige, harmonische Beziehung zu schaffen.
Legt darum großen Wert darauf, daß keine Unsicherheit entsteht, daß Beziehungen zuverlässig sind und eine Bindung als feste Zugehörigkeit empfunden werden kann.

FORMEN 315

Die erwünschte und beabsichtigte Situation

Möchte sich für die Aufgabe und die nahestehenden Menschen mit engagierter Hingabe einsetzen, um eine einträchtige, harmonische Beziehung zu schaffen. Beobachtet die Situation zugleich und prüft kritisch, inwiefern sie den eigenen Vorstellungen und Erwartungen entspricht.

FORMEN 316

Die erwünschte und beabsichtigte Situation

Strengt sich an und möchte sich für die Aufgabe und die nahestehenden Menschen mit engagierter Hingabe einsetzen, um eine einträchtige, harmonische Beziehung zu schaffen.

FORMEN 3 2 0

Die erwünschte und beabsichtigte Situation

Will Klarheit haben und Entscheidungen treffen können, um die Absicht mit zielstrebiger Aktivität durchzusetzen und zum Erfolg zu führen.

FORMEN 3 2 1

Die erwünschte und beabsichtigte Situation

Findet, die bestehende Situation genüge nicht, um sich damit zufriedenzugeben, und es brauche mehr und andere Bedingungen, um wirklich einverstanden sein zu können.
Will die Absicht mit zielstrebiger Aktivität durchsetzen und zum Erfolg führen.

FORMEN 3 2 4

Die erwünschte und beabsichtigte Situation

Will die Absicht mit zielstrebiger Aktivität durchsetzen und zum Erfolg führen.
Legt daher großen Wert darauf, daß keine Unsicherheit entsteht und daß Beziehungen zuverlässig sind.

FORMEN 32 5

Die erwünschte und beabsichtigte Situation

Will die Absicht mit zielstrebiger Aktivität durchsetzen und zum Erfolg führen.
Beobachtet darum die Situation und prüft kritisch, inwiefern sie den eigenen Vorstellungen und Erwartungen entspricht.

FORMEN 32 6

Die erwünschte und beabsichtigte Situation

Will die Absicht mit zielstrebiger Aktivität durchsetzen und zum Erfolg führen.
Strengt sich dafür an und läßt kein weichliches Sichgehenlassen zu.

FORMEN 3 4 0

Die erwünschte und beabsichtigte Situation

Will Klarheit haben und Entscheidungen treffen können. Will die Absicht voller Begeisterung in einem weiten Wirkungsfeld und Erlebnisbereich durchsetzen.

FORMEN 3 4 1

Die erwünschte und beabsichtigte Situation

Findet, die bestehende Situation genüge noch nicht, um sich damit zufriedenzugeben, und es brauche mehr und andere Bedingungen, um wirklich einverstanden sein zu können.
Will darum die eigenen Absichten voller Begeisterung in einem weiten Wirkungsfeld und Erlebnisbereich durchsetzen.

FORMEN 3 4 2

Die erwünschte und beabsichtigte Situation

Will die Absichten voller Begeisterung in einem weiten Wirkungsfeld und Erlebnisbereich durchsetzen.
Läßt sich dabei nicht behindern und durch keinerlei Druck oder Zwang einengen und lehnt jede Beeinflussung ab.

FORMEN 345

Die erwünschte und beabsichtigte Situation

Will die Absicht voller Begeisterung in einem weiten
Wirkungsfeld und Erlebnisbereich durchsetzen.
Beobachtet zugleich die Situation und prüft kritisch,
inwiefern sie den eigenen Vorstellungen und Erwartungen entspricht.

FORMEN 346

Die erwünschte und beabsichtigte Situation

Strengt sich an und läßt kein weichliches Sichgehenlassen zu.
Will die Absicht voller Begeisterung in einem weiten
Wirkungsfeld und Erlebnisbereich durchsetzen.

FORMEN **3 5** 0

Die erwünschte und beabsichtigte Situation

Will Klarheit haben und Entscheidungen treffen können. Möchte Interessantes mit lustvoller Begeisterung anpakken, um es zu erfahren und intensiv zu erleben.

FORMEN **3 5** 1

Die erwünschte und beabsichtigte Situation

Findet, die bestehende Situation genüge noch nicht, um sich damit zufriedenzugeben, und es gebe mehr und andere Möglichkeiten.
Möchte deshalb Interessantes mit lustvoller Begeisterung anpacken, um es zu erfahren und intensiv zu erleben.

FORMEN **3 5** 2

Die erwünschte und beabsichtigte Situation

Will Interessantes mit lustvoller Begeisterung anpacken, um es zu erfahren und intensiv zu erleben.
Läßt sich darum nicht behindern und durch keinerlei Druck oder Zwang einengen und lehnt jede Beeinflussung ab.

FORMEN

35

FORMEN 35 4

Die erwünschte und beabsichtigte Situation

Will Interessantes mit lustvoller Begeisterung anpacken,
um es zu erfahren und intensiv zu erleben.
Legt aber großen Wert darauf, daß keine Unsicherheit
entsteht und daß Beziehungen zuverlässig sind.

FORMEN 35 6

Die erwünschte und beabsichtigte Situation

Strengt sich an und läßt kein weichliches Sichgehenlassen zu.
Will Interessantes mit lustvoller Begeisterung anpacken,
um es zu erfahren und intensiv zu erleben.

FORMEN 3 6 0

Die erwünschte und beabsichtigte Situation

Will Klarheit haben und Entscheidungen treffen können. Ist auch eifrig und fordert sich. Braucht in Wirklichkeit aber die dringend benötigte Befriedigung und sinnliche Behaglichkeit.

FORMEN 3 6 1

Die erwünschte und beabsichtigte Situation

Findet, die bestehende Situation genüge nicht, um sich damit zufriedenzugeben, und es brauche mehr und andere Bedingungen, um mit der Situation wirklich einverstanden sein zu können.
Ist dabei eifrig und fordert sich. Braucht in Wirklichkeit aber die dringend benötigte Befriedigung und sinnliche Behaglichkeit.

FORMEN 3 6 2

Die erwünschte und beabsichtigte Situation

Läßt sich nicht behindern und durch keinerlei Druck oder Zwang einengen.
Ist dabei eifrig und fordert sich. Braucht in Wirklichkeit aber die dringend benötigte Befriedigung und sinnliche Behaglichkeit.

FORMEN 3 6 4

Die erwünschte und beabsichtigte Situation

Legt großen Wert darauf, daß keine Unsicherheit entsteht, daß Beziehungen zuverlässig sind und eine Bindung als feste Zugehörigkeit empfunden werden kann.
Ist auch eifrig und fordert sich. Braucht in Wirklichkeit
aber die dringend benötigte Befriedigung und sinnliche
Behaglichkeit.

FORMEN 3 6 5

Die erwünschte und beabsichtigte Situation

Beobachtet die Situation und prüft kritisch, inwiefern sie
den eigenen Vorstellungen und Erwartungen entspricht.
Ist dabei eifrig und fordert sich. Braucht in Wirklichkeit
aber die dringend benötigte Befriedigung und sinnliche
Behaglichkeit.

FORMEN **40**1

Die erwünschte und beabsichtigte Situation

Findet, die bestehende Situation genüge nicht, um sich damit zufriedenzugeben, und es brauche ganz andere Bedingungen, um mit der Situation wirklich einverstanden sein zu können.

Möchte darum der schwererträglichen Situation am liebsten entfliehen.

FORMEN **40**2

Die erwünschte und beabsichtigte Situation

Läßt sich nicht behindern und durch keinerlei Druck oder Zwang einengen.

Möchte darum der schwererträglichen Situation am liebsten entfliehen.

FORMEN **40**3

Die erwünschte und beabsichtigte Situation

Will von weiteren aufreibenden Konflikten verschont bleiben. Möchte deshalb mühsamen Auseinandersetzungen am liebsten aus dem Wege gehen und möchte der schwererträglichen Situation am liebsten entfliehen.

FORMEN 40₅

Die erwünschte und beabsichtigte Situation

Beobachtet die Situation kritisch, weil sie den eigenen Vorstellungen und Erwartungen nicht entspricht.
Möchte darum der schwererträglichen Situation am liebsten entfliehen.

FORMEN 40₆

Die erwünschte und beabsichtigte Situation

Strengt sich an und läßt kein weichliches Sichgehenlassen zu.
Möchte aber der schwererträglichen Situation am liebsten entfliehen.

Die erwünschte und beabsichtigte Situation

Will Klarheit haben und Entscheidungen treffen können. Sucht aber mit Erwartungen, die nur schwer erfüllbar sind, nach größter Perfektion und nach einer harmonischen Übereinstimmung, die den eigenen Idealvorstellungen entsprechen soll.

FORMEN 41 2

Die erwünschte und beabsichtigte Situation

Läßt sich durch keinerlei Druck oder Zwang einengen oder behindern.
Sucht mit Erwartungen, die nur schwer erfüllbar sind, nach größter Perfektion und nach einer harmonischen Übereinstimmung, die den eigenen Idealvorstellungen entsprechen soll.

FORMEN 41 3

Die erwünschte und beabsichtigte Situation

Will von weiteren aufreibenden Konflikten verschont bleiben und mühsamen Auseinandersetzungen am liebsten aus dem Wege gehen.
Sucht aber mit Erwartungen, die nur schwer erfüllbar sind, nach größter Perfektion und nach einer harmonischen Übereinstimmung, die den eigenen Idealvorstellungen entsprechen soll.

FORMEN 415

Die erwünschte und beabsichtigte Situation

Sucht mit Erwartungen, die nur schwer erfüllbar sind, nach größter Perfektion und nach einer harmonischen Übereinstimmung, die den eigenen Idealvorstellungen entsprechen soll.

Beobachtet alles und prüft kritisch, inwiefern es den eigenen Vorstellungen und Erwartungen entspricht.

FORMEN 416

Die erwünschte und beabsichtigte Situation

Strengt sich an und läßt kein weichliches Sichgehenlassen zu.

Sucht aber mit Erwartungen, die nur schwer erfüllbar sind, nach größter Perfektion und nach einer harmonischen Übereinstimmung, die den eigenen Idealvorstellungen entsprechen soll.

FORMEN **4 2** 0

Die erwünschte und beabsichtigte Situation

Will Klarheit haben und Entscheidungen treffen können. Erwartet aber, daß bei allem die eigene Meinung respektiert wird und als optimale Lösung Zustimmung findet.

FORMEN **4 2** 1

Die erwünschte und beabsichtigte Situation

Findet, die bestehende Situation genüge nicht, um sich damit zufriedenzugeben. Ist der Meinung, es brauche mehr und andere Bedingungen, um sich mit der Situation wirklich einverstanden fühlen zu können.
Erwartet aber, daß bei allem die eigene Meinung respektiert wird und als optimale Lösung Zustimmung findet.

FORMEN **4 2** 3

Die erwünschte und beabsichtigte Situation

Will von aufreibenden Konflikten verschont bleiben und möchte mühsamen Auseinandersetzungen am liebsten aus dem Wege gehen.
Erwartet aber, daß bei allem die eigene Meinung respektiert wird und als optimale Lösung Zustimmung findet.

42

FORMEN 425

Die erwünschte und beabsichtigte Situation

Beobachtet die Situation und prüft kritisch, inwiefern sie den eigenen Vorstellungen und Erwartungen entspricht. Erwartet dann, daß bei allem die eigene Meinung respektiert wird und als optimale Lösung Zustimmung findet.

FORMEN 426

Die erwünschte und beabsichtigte Situation

Strengt sich an und läßt kein weichliches Sichgehenlassen zu.
Erwartet aber, daß bei allem die eigene Meinung respektiert wird und als optimale Lösung Zustimmung findet.

FORMEN **43**0

Die erwünschte und beabsichtigte Situation

Erhofft dringend eine befreiende Lösung und in naher
Zukunft günstigere Bedingungen und bessere Voraussetzungen.
Will darum jetzt Klarheit haben und Entscheidungen
treffen können.

FORMEN **43**1

Die erwünschte und beabsichtigte Situation

Findet, die bestehende Situation genüge nicht, um sich
damit zufriedenzugeben, und es brauche mehr und
andere Bedingungen, um mit der Situation wirklich
einverstanden sein zu können.
Erhofft darum dringend eine befreiende Lösung und in
naher Zukunft günstigere Bedingungen und bessere
Voraussetzungen.

FORMEN **43**2

Die erwünschte und beabsichtigte Situation

Erhofft dringend eine befreiende Lösung und in naher
Zukunft günstigere Bedingungen und bessere Voraus-
setzungen.
Läßt sich darum nicht behindern und durch keinerlei
Druck oder Zwang einengen. Lehnt auch jede Beeinflus-
sung ab.

170

FORMEN 43 5

Die erwünschte und beabsichtigte Situation

Beobachtet die Situation kritisch, weil sie den eigenen Vorstellungen und Erwartungen nicht entspricht.
Erhofft dringend eine befreiende Lösung und in naher Zukunft günstigere Bedingungen und bessere Voraussetzungen.

FORMEN 43 6

Die erwünschte und beabsichtigte Situation

Erhofft dringend eine befreiende Lösung und in naher Zukunft günstigere Bedingungen und bessere Voraussetzungen.
Strengt sich dafür an und läßt kein weichliches Sichgehenlassen zu.

FORMEN 45$_0$

Die erwünschte und beabsichtigte Situation

Ist voller Erwartungen und darum für reizvolle, neue Anregungen und Begegnungen aufgeschlossen.
Will zugleich Klarheit haben und Entscheidungen treffen können.

FORMEN 45$_1$

Die erwünschte und beabsichtigte Situation

Findet, die bestehende Situation genüge nicht, um sich damit zufriedenzugeben, und es brauche mehr und andere Bedingungen, um mit der Situation wirklich einverstanden sein zu können.
Ist dabei voller Erwartungen und für reizvolle, neue Anregungen und Begegnungen aufgeschlossen.

FORMEN 45$_2$

Die erwünschte und beabsichtigte Situation

Ist voller Erwartungen und darum für reizvolle, neue Anregungen und Begegnungen aufgeschlossen.
Läßt sich darum nicht behindern und durch keinerlei Druck oder Zwang einengen und lehnt jede Beeinflussung ab.

45

172

FORMEN 45 3

Die erwünschte und beabsichtigte Situation

Will von weiteren aufreibenden Konflikten verschont
bleiben und möchte mühsamen Auseinandersetzungen
am liebsten aus dem Wege gehen.
Ist zugleich aber voller Erwartungen und für reizvolle,
neue Anregungen und Begegnungen aufgeschlossen.

FORMEN 45 6

Die erwünschte und beabsichtigte Situation

Ist voller Erwartungen und darum für reizvolle, neue
Anregungen und Begegnungen aufgeschlossen.
Strengt sich dafür auch an und läßt kein weichliches
Sichgehenlassen zu.

FORMEN 46 0

Die erwünschte und beabsichtigte Situation

Will Klarheit haben und Entscheidungen treffen können und der erschöpfenden Situation am liebsten entfliehen.

FORMEN 46 1

Die erwünschte und beabsichtigte Situation

Findet, die bestehende Situation genüge nicht, um sich damit zufriedenzugeben, und es brauche ganz andere Bedingungen, um mit der Situation wirklich einverstanden sein zu können.
Möchte darum der erschöpfenden Situation am liebsten entfliehen.

FORMEN 46 2

Die erwünschte und beabsichtigte Situation

Möchte der erschöpfenden Situation entfliehen.
Läßt sich darin nicht behindern und durch keinerlei Druck oder Zwang einengen. Lehnt auch jede Beeinflussung ab.

FORMEN 46 3

Die erwünschte und beabsichtigte Situation

Will von weiteren aufreibenden Konflikten verschont
bleiben und deshalb mühsamen Auseinandersetzungen
am liebsten aus dem Wege gehen.
Möchte der erschöpfenden Situation am liebsten entfliehen.

FORMEN 46 5

Die erwünschte und beabsichtigte Situation

Beobachtet die Situation kritisch, weil sie den eigenen
Vorstellungen und Erwartungen nicht entspricht.
Möchte darum der erschöpfenden Situation am liebsten
entfliehen.

46

FORMEN 50 1

Die erwünschte und beabsichtigte Situation

Hat Lust auf anregende Reize, um sich von schwer zu ertragenden Belastungen oder Zumutungen abzulenken. Möchte sich zur Zeit gegen belastende Anforderungen abschirmen. Bleibt deshalb vorläufig unschlüssig und abwartend.

FORMEN 50 2

Die erwünschte und beabsichtigte Situation

Hat Lust auf anregende Reize, um sich von schwer zu ertragenden Belastungen oder Zumutungen abzulenken. Möchte sich zur Zeit gegen belastende Anforderungen abschirmen. Bleibt deshalb vorläufig unschlüssig und abwartend.
Läßt sich aber auch nicht behindern und durch keinerlei Druck oder Zwang einengen und lehnt jede Beeinflussung ab.

FORMEN 50 3

Die erwünschte und beabsichtigte Situation

Will von weiteren aufreibenden Konflikten verschont bleiben und mühsamen Auseinandersetzungen am liebsten aus dem Wege gehen.
Hat Lust auf anregende Reize, um sich von schwer zu ertragenden Belastungen oder Zumutungen abzulenken. Möchte sich zur Zeit gegen belastende Anforderungen abschirmen. Bleibt deshalb vorläufig unschlüssig und abwartend.

FORMEN 50 4

Die erwünschte und beabsichtigte Situation

Legt zwar großen Wert darauf, daß keine Unsicherheit
entsteht und daß Beziehungen zuverlässig sind.
Hat Lust auf anregende Reize, um sich von schwer zu
ertragenden Belastungen oder Zumutungen abzulenken.
Möchte sich zur Zeit gegen belastende Anforderungen
abschirmen. Bleibt deshalb vorläufig unschlüssig und
abwartend.

FORMEN 50 6

Die erwünschte und beabsichtigte Situation

Strengt sich an und läßt kein weichliches Sichgehenlassen zu.
Hat Lust auf anregende Reize, um sich von schwer zu
ertragenden Belastungen oder Zumutungen abzulenken.
Möchte sich zur Zeit gegen belastende Anforderungen
abschirmen. Bleibt deshalb vorläufig unschlüssig und
abwartend.

51

FORMEN 510

Die erwünschte und beabsichtigte Situation

Möchte sich dem geliebten Menschen oder der eigenen Aufgabe mit lebhafter Feinfühligkeit und empfindsamer Hingabe widmen.
Will zugleich Klarheit haben und Entscheidungen treffen können.

FORMEN 512

Die erwünschte und beabsichtigte Situation

Möchte sich dem geliebten Menschen oder der eigenen Aufgabe mit lebhafter Feinfühligkeit und empfindsamer Hingabe widmen.
Läßt sich aber durch keinerlei Druck oder Zwang einengen und lehnt jede Beeinflussung ab.

FORMEN 513

Die erwünschte und beabsichtigte Situation

Will von aufreibenden Konflikten verschont bleiben und mühsamen Auseinandersetzungen am liebsten aus dem Wege gehen.
Möchte sich aber dem geliebten Menschen oder der eigenen Aufgabe mit lebhafter Feinfühligkeit und empfindsamer Hingabe widmen.

FORMEN 51 4

Die erwünschte und beabsichtigte Situation

Möchte sich dem geliebten Menschen oder der eigenen
Aufgabe mit lebhafter Feinfühligkeit und empfindsamer
Hingabe widmen.
Legt auch großen Wert darauf, daß keine Unsicherheit
entsteht, daß die Beziehung zuverlässig ist und eine
Bindung als feste Zugehörigkeit empfunden werden
kann.

FORMEN 51 6

Die erwünschte und beabsichtigte Situation

Strengt sich an und läßt kein weichliches Sichgehenlassen zu.
Möchte sich auch dem geliebten Menschen oder der
eigenen Aufgabe mit lebhafter Feinfühligkeit und empfindsamer Hingabe widmen.

FORMEN 520

Die erwünschte und beabsichtigte Situation

Will für sich Klarheit haben und Entscheidungen treffen
können.
Möchte den anderen aber mit feinfühliger Gewandtheit
und Charme für sich gewinnen, um sich selbst und der
eigenen Absicht Geltung zu verschaffen.

FORMEN 521

Die erwünschte und beabsichtigte Situation

Findet, die bestehende Situation genüge noch nicht, um
sich damit zufriedenzugeben, und es brauche mehr und
andere Bedingungen, um mit der Situation wirklich
einverstanden sein zu können.
Möchte deshalb den anderen mit feinfühliger Gewandtheit und Charme für sich gewinnen, um sich selbst und
der eigenen Absicht Geltung zu verschaffen.

FORMEN 523

Die erwünschte und beabsichtigte Situation

Will von aufreibenden Konflikten verschont bleiben und
mühsamen Auseinandersetzungen am liebsten aus dem
Wege gehen.
Möchte deshalb den anderen mit feinfühliger Gewandtheit und Charme für sich gewinnen, um sich selbst und
der eigenen Absicht Geltung zu verschaffen.

FORMEN 52₄

Die erwünschte und beabsichtigte Situation

Möchte den anderen mit feinfühliger Gewandtheit und
Charme für sich gewinnen, um sich selbst und der
eigenen Absicht Geltung zu verschaffen.
Legt deshalb großen Wert darauf, daß keine Unsicherheit
entsteht und daß Beziehungen zuverlässig sind.

FORMEN 52₆

Die erwünschte und beabsichtigte Situation

Möchte den anderen mit feinfühliger Gewandtheit und
Charme für sich gewinnen, um sich selbst und der
eigenen Absicht Geltung zu verschaffen.
Strengt sich dafür an und läßt kein weichliches Sichgehenlassen zu.

FORMEN 53 0

Die erwünschte und beabsichtigte Situation

Will Klarheit haben und Entscheidungen selber treffen können.

Möchte solche Situationen, die Lust bereiten, gerne erleben und mit erregter Faszination und begeisterter Erlebnisfreude ergreifen.

FORMEN 53 1

Die erwünschte und beabsichtigte Situation

Findet, die bestehende Situation genüge nicht, um sich damit zufriedenzugeben, und es brauche mehr und andere Bedingungen, um mit der Situation wirklich einverstanden sein zu können.

Möchte solche Situationen, die Lust bereiten, gerne erleben und mit erregter Faszination und begeisterter Erlebnisfreude ergreifen.

FORMEN 53 2

Die erwünschte und beabsichtigte Situation

Möchte solche Situationen, die Lust bereiten, gerne erleben und mit erregter Faszination und begeisterter Erlebnisfreude ergreifen.

Läßt sich darin nicht behindern und durch keinerlei Druck oder Zwang einengen. Lehnt auch jede Beeinflussung ab.

FORMEN 53 4

Die erwünschte und beabsichtigte Situation

Möchte solche Situationen, die Lust bereiten, gerne erleben und mit erregter Faszination und begeisterter Erlebnisfreude ergreifen.
Legt aber großen Wert darauf, daß keine Unsicherheit entsteht und daß Beziehungen zuverlässig sind.

FORMEN 53 6

Die erwünschte und beabsichtigte Situation

Möchte solche Situationen, die Lust bereiten, gerne erleben und mit erregter Faszination und begeisterter Erlebnisfreude ergreifen.
Strengt sich zugleich an und läßt kein weichliches Sichgehenlassen zu.

FORMEN 540

Die erwünschte und beabsichtigte Situation

Ist voller Erwartungen und daher mit lebhafter Feinfühligkeit für interessante Begegnungen und ästhetische
Eindrücke aufgeschlossen.
Will zugleich Klarheit haben und selber Entscheidungen
treffen können.

FORMEN 541

Die erwünschte und beabsichtigte Situation

Findet, die bestehende Situation genüge nicht, um sich
damit zufriedenzugeben, und es brauche mehr und
andere Bedingungen, um mit der Situation wirklich
einverstanden sein zu können.
Ist darum voller Erwartungen und mit lebhafter Feinfühligkeit für interessante Begegnungen und ästhetische
Eindrücke aufgeschlossen.

FORMEN 542

Die erwünschte und beabsichtigte Situation

Ist voller Erwartungen und daher mit lebhafter Feinfüh-
ligkeit für interessante Begegnungen und ästhetische
Eindrücke aufgeschlossen.
Läßt sich darum nicht behindern und durch keinerlei
Druck oder Zwang einengen und lehnt auch jede Beein-
flussung ab.

FORMEN 54₃

Die erwünschte und beabsichtigte Situation

Will von weiteren aufreibenden Konflikten verschont
bleiben und mühsamen Auseinandersetzungen am liebsten aus dem Wege gehen.
Ist aber voller Erwartungen und daher mit lebhafter
Feinfühligkeit für interessante Begegnungen und ästhetische Eindrücke aufgeschlossen.

FORMEN 54₆

Die erwünschte und beabsichtigte Situation

Ist voller Erwartungen und daher mit lebhafter Feinfühligkeit für interessante Begegnungen und ästhetische
Eindrücke aufgeschlossen.
Strengt sich auch an und läßt kein weichliches Sichgehenlassen zu.

FORMEN 56₀

Die erwünschte und beabsichtigte Situation

Will Klarheit haben und Entscheidungen selber treffen
können.
Braucht solche Beziehungen, die auf die lebhafte, eigene
Sensibilität feinsinnig und verständnisvoll reagieren. Hat
eine feinfühlige, erotisch empfindsame Erlebnisbereitschaft. Möchte deshalb zärtliche Anschmiegsamkeit lustvoll genießen.

FORMEN 56₁

Die erwünschte und beabsichtigte Situation

Findet, die bestehende Situation genüge nicht, um sich
damit zufriedenzugeben, und es brauche mehr und
andere Bedingungen, um wirklich einverstanden sein
zu können.
Braucht solche Beziehungen, die auf die lebhafte, eigene
Sensibilität feinsinnig und verständnisvoll reagieren. Hat
eine feinfühlige, erotisch empfindsame Erlebnisbereitschaft. Möchte deshalb zärtliche Anschmiegsamkeit lustvoll genießen.

FORMEN 56₂

Die erwünschte und beabsichtigte Situation

Braucht solche Beziehungen, die auf die lebhafte, eigene
Sensibilität feinsinnig und verständnisvoll reagieren. Hat
eine feinfühlige, erotisch empfindsame Erlebnisbereitschaft. Möchte deshalb zärtliche Anschmiegsamkeit lustvoll genießen. Läßt sich darin nicht behindern und durch
keinerlei Druck oder Zwang einengen. Lehnt auch jede
Beeinflussung ab.

Die erwünschte und beabsichtigte Situation

Will von weiteren aufreibenden Konflikten verschont bleiben und mühsamen Auseinandersetzungen am liebsten aus dem Wege gehen.

Braucht vielmehr solche Beziehungen, die auf die lebhafte, eigene Sensibilität feinsinnig und verständnisvoll reagieren. Hat eine feinfühlige, erotisch empfindsame Erlebnisbereitschaft. Möchte deshalb zärtliche Anschmiegsamkeit lustvoll genießen.

Die erwünschte und beabsichtigte Situation

Braucht solche Beziehungen, die auf die lebhafte, eigene Sensibilität feinsinnig und verständnisvoll reagieren. Hat eine feinfühlige, erotisch empfindsame Erlebnisbereitschaft. Möchte deshalb zärtliche Anschmiegsamkeit lustvoll genießen.

Legt darum großen Wert darauf, daß keine Unsicherheit entsteht, daß Beziehungen zuverlässig sind und eine Bindung als feste Zugehörigkeit empfunden werden kann.

FORMEN

56

Die erwünschte und beabsichtigte Situation

Findet, die bestehende Situation genüge keineswegs, um sich damit zufriedenzugeben, und es brauche ganz andere Bedingungen, um wirklich einverstanden sein zu können.

Hat darum ein starkes Bedürfnis nach Schonung und nach Behaglichkeit, um sich abzulenken und Konflikte beiseite zu schieben.

FORMEN 6 0 2

Die erwünschte und beabsichtigte Situation

Hat ein starkes Bedürfnis nach Schonung und nach Behaglichkeit, um sich abzulenken und Konflikte beiseite zu schieben. Läßt sich darum durch keinerlei Druck oder Zwang beeinflussen.

FORMEN 6 0 3

Die erwünschte und beabsichtigte Situation

Will von weiteren aufreibenden Konflikten verschont bleiben und möchte deshalb mühsamen Auseinandersetzungen am liebsten aus dem Wege gehen.

Hat ein starkes Bedürfnis nach Schonung und nach Behaglichkeit, um sich abzulenken und Konflikte beiseite zu schieben.

FORMEN 60₄

Die erwünschte und beabsichtigte Situation

Hat ein starkes Bedürfnis nach Schonung und nach Behaglichkeit, um sich abzulenken und Konflikte beiseite zu schieben.
Legt deshalb großen Wert darauf, daß keine Unsicherheit entsteht und daß Beziehungen zuverlässig sind.

FORMEN 60₅

Die erwünschte und beabsichtigte Situation

Hat ein starkes Bedürfnis nach Schonung und nach Behaglichkeit, um sich abzulenken und Konflikte beiseite zu schieben.
Beobachtet die Situation kritisch, weil sie den eigenen Vorstellungen und Erwartungen nicht entspricht.

FORMEN **61**o

Die erwünschte und beabsichtigte Situation

Will Klarheit haben und Entscheidungen treffen können.
Sucht jetzt die friedliche Verbundenheit und genußvolle
Erholung im sinnlich verweilenden Behagen.

FORMEN **61**2

Die erwünschte und beabsichtigte Situation

Sucht die friedliche Verbundenheit und genußvolle Erholung im sinnlich verweilenden Behagen.
Läßt sich dabei nicht behindern und durch keinerlei
Druck oder Zwang einengen und lehnt jede Beeinflussung ab.

FORMEN **61**3

Die erwünschte und beabsichtigte Situation

Will von weiteren aufreibenden Konflikten verschont
bleiben und mühsamen Auseinandersetzungen am liebsten aus dem Wege gehen.
Sucht deshalb auch die friedliche Verbundenheit und
genußvolle Erholung im sinnlich verweilenden Behagen.

61

FORMEN 61 4

Die erwünschte und beabsichtigte Situation

Sucht die friedliche Verbundenheit und genußvolle Erholung im sinnlich verweilenden Behagen.

Legt darum großen Wert darauf, daß keine Unsicherheit entsteht, daß Beziehungen zuverlässig sind und eine Bindung als feste Zugehörigkeit empfunden werden kann.

FORMEN 61 5

Die erwünschte und beabsichtigte Situation

Sucht die friedliche Verbundenheit und genußvolle Erholung im sinnlich verweilenden Behagen.

Beobachtet aber die Situation und prüft kritisch, inwiefern sie den eigenen Vorstellungen und Erwartungen entspricht.

FORMEN **62**0

Die erwünschte und beabsichtigte Situation

Hat zwar das Bedürfnis nach erholsamer Behaglichkeit und sinnlicher Befriedigung, blockiert sich aber durch den Anspruch auf Respekt.
Will deshalb Klarheit haben und Entscheidungen treffen können.

FORMEN **62**1

Die erwünschte und beabsichtigte Situation

Hat zwar das Bedürfnis nach erholsamer Behaglichkeit und sinnlicher Befriedigung, blockiert sich aber durch den Anspruch auf Respekt.
Findet deshalb, die bestehende Situation genüge nicht, und es brauche ganz andere Bedingungen, um wirklich einverstanden sein zu können.

FORMEN **62**3

Die erwünschte und beabsichtigte Situation

Will von weiteren aufreibenden Konflikten verschont bleiben und deshalb mühsamen Auseinandersetzungen am liebsten aus dem Wege gehen.
Hat auch das Bedürfnis nach erholsamer Behaglichkeit und sinnlicher Befriedigung, blockiert sich aber durch den Anspruch auf Respekt.

Die erwünschte und beabsichtigte Situation

Hat zwar das Bedürfnis nach erholsamer Behaglichkeit
und sinnlicher Befriedigung, blockiert sich aber durch
den Anspruch auf Respekt.
Legt besonders großen Wert darauf, daß Beziehungen
zuverlässig sind und eine Bindung als feste Zugehörigkeit empfunden werden kann.

FORMEN 62⁵

Die erwünschte und beabsichtigte Situation

Hat zwar das Bedürfnis nach erholsamer Behaglichkeit
und sinnlicher Befriedigung, blockiert sich aber durch
den Anspruch auf Respekt.
Beobachtet die Situation ständig und prüft kritisch, inwiefern sie den eigenen Vorstellungen und Erwartungen
entspricht.

FORMEN 6 3 0

Die erwünschte und beabsichtigte Situation

Will zwar Klarheit haben und Entscheidungen treffen können.

Hat zugleich aber auch ein starkes Bedürfnis nach genußvoller Befriedigung und sinnlicher Behaglichkeit.

FORMEN 6 3 1

Die erwünschte und beabsichtigte Situation

Findet die bestehende Situation unbefriedigend, und es brauche ganz andere Bedingungen, um wirklich einverstanden sein zu können.

Hat daher ein starkes Bedürfnis nach genußvoller Befriedigung und sinnlicher Behaglichkeit.

FORMEN 6 3 2

Die erwünschte und beabsichtigte Situation

Hat ein starkes Bedürfnis nach genußvoller Befriedigung und sinnlicher Behaglichkeit.

Läßt sich darin nicht behindern und durch keinerlei Druck oder Zwang einengen. Lehnt auch jede Beeinflussung ab.

FORMEN **63**4

Die erwünschte und beabsichtigte Situation

Hat ein starkes Bedürfnis nach genußvoller Befriedigung und sinnlicher Behaglichkeit.
Legt darum großen Wert darauf, daß Beziehungen zuverlässig sind und eine Bindung als feste Zugehörigkeit empfunden werden kann.

FORMEN **63**5

Die erwünschte und beabsichtigte Situation

Hat ein starkes Bedürfnis nach genußvoller Befriedigung und sinnlicher Behaglichkeit.
Beobachtet aber die Situation und prüft kritisch, inwiefern sie den eigenen Vorstellungen und Erwartungen entspricht.

FORMEN 640

Die erwünschte und beabsichtigte Situation

Will jetzt Klarheit haben und Entscheidungen treffen können.
Will allem Unerfülltsein entfliehen und sucht die Befriedigung im sinnlich behaglichen Verweilen.

FORMEN 641

Die erwünschte und beabsichtigte Situation

Findet, die bestehende Situation genüge nicht, um sich damit zufriedenzugeben, und es brauche ganz andere Bedingungen, um mit der Situation wirklich einverstanden sein zu können.
Will deshalb allem Unerfülltsein entfliehen und sucht die Befriedigung im sinnlich behaglichen Verweilen.

FORMEN 642

Die erwünschte und beabsichtigte Situation

Will allem Unerfülltsein entfliehen und sucht die Befriedigung im sinnlich behaglichen Verweilen.
Läßt sich darin nicht behindern und durch keinerlei Druck oder Zwang einengen. Lehnt auch jede Beeinflussung ab.

FORMEN 6 4 3

Die erwünschte und beabsichtigte Situation

Will von weiteren aufreibenden Konflikten verschont
bleiben und mühsamen Auseinandersetzungen am liebsten aus dem Wege gehen.
Will allem Unerfülltsein entfliehen und sucht die Befriedigung im sinnlich behaglichen Verweilen.

FORMEN 6 4 5

Die erwünschte und beabsichtigte Situation

Beobachtet die Situation kritisch, weil sie den eigenen
Vorstellungen und Erwartungen nicht entspricht.
Will deshalb allem Unerfülltsein entfliehen und sucht
die Befriedigung im sinnlich behaglichen Verweilen.

FORMEN **65**0

Die erwünschte und beabsichtigte Situation

Will jetzt Klarheit haben und selber Entscheidungen treffen können.
Möchte die volle Befriedigung im Genießen reizvoller Sinnesempfindungen erleben und in lustvoller, zärtlicher Anschmiegsamkeit verweilen.

FORMEN **65**1

Die erwünschte und beabsichtigte Situation

Findet die bestehende Situation unbefriedigend, und es brauche ganz andere Bedingungen, um mit der Situation wirklich einverstanden sein zu können.
Möchte die volle Befriedigung im Genießen reizvoller Sinnesempfindungen erleben und in lustvoller, zärtlicher Anschmiegsamkeit verweilen.

FORMEN **65**2

Die erwünschte und beabsichtigte Situation

Möchte die volle Befriedigung im Genießen reizvoller Sinnesempfindungen erleben und in lustvoller, zärtlicher Anschmiegsamkeit verweilen.
Läßt sich deshalb nicht behindern und durch keinerlei Druck oder Zwang einengen. Lehnt auch jede Beeinflussung ab.

FORMEN 65₃

Die erwünschte und beabsichtigte Situation

Will von weiteren aufreibenden Konflikten verschont
bleiben und mühsamen Auseinandersetzungen am liebsten aus dem Wege gehen.
Möchte die volle Befriedigung im Genießen reizvoller
Sinnesempfindungen erleben und in lustvoller, zärtlicher Anschmiegsamkeit verweilen.

FORMEN 65₄

Die erwünschte und beabsichtigte Situation

Möchte die volle Befriedigung im Genießen reizvoller
Sinnesempfindungen erleben und in lustvoller, zärtlicher Anschmiegsamkeit verweilen.
Legt darum großen Wert darauf, daß Beziehungen zuverlässig sind und eine Bindung als feste Zugehörigkeit
empfunden werden kann.

3
Wenn OBEN
zwei gleiche Ziffern vorkommen

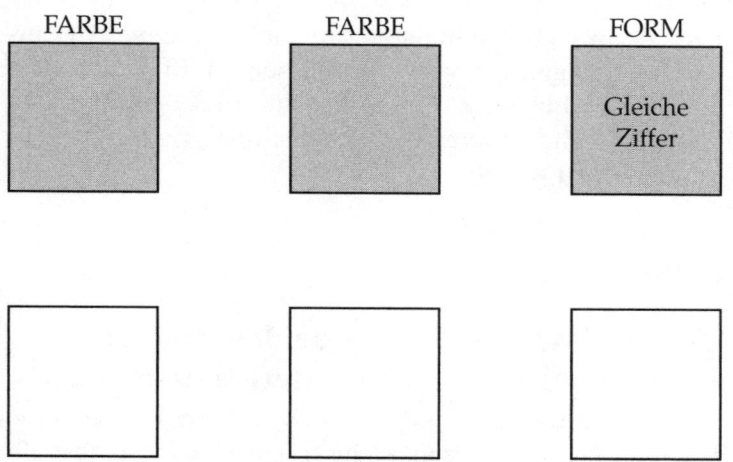

FARBE   FARBE   FORM

Gleiche Ziffer

OBEN zweimal **0**

Bedürfnisse, die Sie vermeiden, um das innere Gleichgewicht wiederherzustellen

Glaubt, durch scheinbare Anpassung die eigene Absicht am besten verfolgen zu können. Versucht, sich in Wirklichkeit aber zu distanzieren, um sich auf keine Auseinandersetzungen einlassen zu müssen. Hofft, durch eine solche Abschirmung die erwünschte und benötigte Gelassenheit und innere Ausgeglichenheit wieder zurückgewinnen zu können.

OBEN zweimal **1**

Bedürfnisse, die Sie vermeiden, um das innere Gleichgewicht wiederherzustellen

Findet, daß unter den gegenwärtigen Verhältnissen eine harmonische Beziehung nicht möglich sei. Ist deshalb unzufrieden, ruhelos, überempfindlich und schnell gereizt. Findet, daß dieser schwererträgliche Zustand nicht andauern kann und daß er als Durchgangssituation überwunden werden muß. Hat deshalb den dringenden Wunsch, rücksichtsvoll behandelt und ernst genommen zu werden. Erstrebt eine konfliktfreie, ruhige Stabilität und sehnt sich nach einer harmonischen Beziehung, die eine vertrauensvolle Verbundenheit bietet.

OBEN zweimal **2**

Bedürfnisse, die Sie vermeiden, um das innere Gleichgewicht wiederherzustellen
Will sich durch Überlegenheit behaupten. Möchte sich die benötigte Anerkennung verschaffen und sich als Persönlichkeit profilieren. Findet aber, es fehle den anderen an Verständnis und angemessenem Respekt, und es sei zermürbend, seine Meinung verteidigen zu müssen. Spürt, daß dieser auch innerlich gespannte Zustand nicht andauern kann, sondern überwunden werden muß. Ist bestrebt, die Anforderungen zu meistern.

OBEN zweimal **3**

Bedürfnisse, die Sie vermeiden, um das innere Gleichgewicht wiederherzustellen
Findet, daß es unter diesen Verhältnissen schwierig ist, das erstrebte Ziel zu erreichen. Sieht aber, daß man sich vom Gefühl der Schwäche nicht unterkriegen lassen darf, sondern daß dieser Zustand als Durchgangssituation mit lebensbejahendem Optimismus überwunden werden muß. Ist deshalb bemüht, das Ziel durch eine positive Einstellung und mit Initiative zu erreichen.

Bedürfnisse, die Sie vermeiden, um das innere Gleichgewicht wiederherzustellen

Empfindet den Zustand der Unsicherheit und Besorgnis als schwer erträglich. Spürt, daß er als Durchgangszustand überwunden werden muß und daß eine Erleichterung und bessere Verhältnisse notwendig sind. Hat deshalb das dringende Bedürfnis, eine Lösung zu finden, die eine Befreiung und Entlastung von den Sorgen und Hindernissen bringt. Verspricht sich davon mehr Möglichkeiten und bessere Voraussetzungen.

OBEN zweimal **5**

Bedürfnisse, die Sie vermeiden, um das innere Gleichgewicht wiederherzustellen

Kontrolliert sich, um sich nicht aus reiner Begeisterung von attraktiven Reizen oder faszinierenden Ideen verführen zu lassen. Möchte klar und sachlich urteilen und sich nicht von Wunschvorstellungen verleiten lassen. Beobachtet deshalb die eigenen Gefühle und das Verhalten der anderen mit kritischer Aufmerksamkeit. Hemmt aber die spontanen Gefühle durch diese Kontrolle und kann die Zuneigung und Gefühle nicht unmittelbar zum Ausdruck bringen. Nimmt eine vorsichtige und beobachtende Haltung ein. Prüft, ob die Vertrauenswürdigkeit gewährleistet ist und ob die Erwartungen erfüllt werden. Durch die kritisch beobachtende Haltung kann aber eine entspannte, vertraute Atmosphäre schwer aufkommen. Auch die unmittelbare und spontane Erlebnisfreude und der vergnügte Lebensgenuß kommen zu kurz. Empfindet jedoch den strengen Ernst und die Nüchternheit auch selbst als einen auf die Dauer unbefriedigenden Zustand. Hat den Wunsch, die Blockierung zu durchbrechen, und ist deshalb vom Außergewöhnlichen und vom Originellen fasziniert.

OBEN zweimal **6**

Bedürfnisse, die Sie vermeiden, um das innere Gleichgewicht wiederherzustellen

Findet, daß die gegenwärtigen Verhältnisse zuviel Anstrengung und Selbstbeherrschung erfordern. Empfindet diesen Zustand der angespannten Selbstbehauptung auf die Dauer als Überforderung. Benötigt daher problemfreie, konfliktlose Verhältnisse, die eine erholsame Entspannung, mehr sinnenfreudige Behaglichkeit und genußvolle Befriedigung bieten.

OBEN

4
Wenn UNTEN
zwei gleiche Ziffern vorkommen

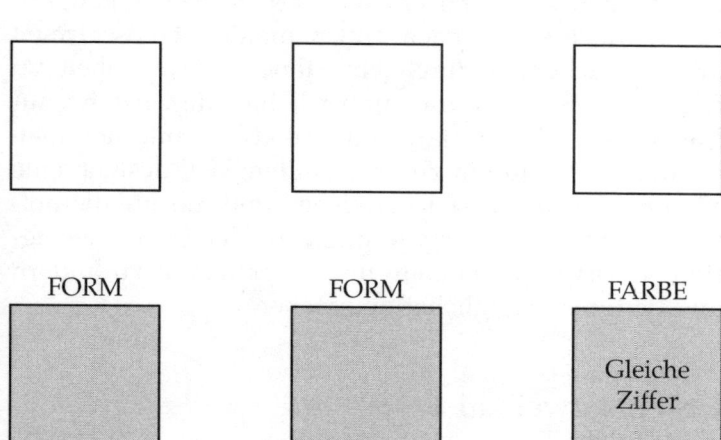

UNTEN zweimal **0**

Wie Sie gegenwärtig störende Umstände überwinden wollen

Findet die Situation aufreibend und zermürbend. Die Belastungen bewirken einen innerlich gespannten Zustand. Möchte sich nach außen möglichst abschirmen und versuchen, dadurch eine innere Gelassenheit zu finden. Weiß, daß dieser unbefriedigende Zustand auf Dauer nicht bleiben darf und daß etwas unternommen werden muß, um ihn zu überwinden. Will deshalb eine Klärung der Verhältnisse erreichen und möchte die notwendige Entscheidung vorantreiben oder möchte wenigstens etwas unternehmen, um die Situation zu ändern und dadurch erträglicher zu machen.

UNTEN zweimal **1**

Wie Sie gegenwärtig störende Umstände überwinden wollen

Findet, daß die bestehende Situation das Bedürfnis nach harmonischer Übereinstimmung und Erfülltsein nicht befriedigt. Möchte sich ihr deshalb entziehen.

UNTEN zweimal 2

Wie Sie gegenwärtig störende Umstände überwinden wollen

Findet, daß der Anspruch auf Anerkennung und Geltung nicht angemessen respektiert wird. Fühlt sich deshalb in der Durchsetzung der Absichten behindert. Möchte sich unabhängig machen, um frei verfügen zu können und sich keinem Zwang unterordnen zu müssen. Verlangt großzügig denkende Partner. Versucht, Schwierigkeiten, die im Wege stehen, zu meistern, um selbst bestimmen zu können und sich keinem Zwang unterwerfen zu müssen.

UNTEN zweimal 3

Wie Sie gegenwärtig störende Umstände überwinden wollen

Hat zwar eine große innere Aktivität und hat auch Freude, etwas spontan zu erleben und zu unternehmen. Hält es aber für schwierig, die Absichten mit dem gewünschten Erfolg durchzusetzen. Findet, daß es am Unverständnis der anderen liegt, wenn es vorläufig nicht gelingt, die erwünschten Ziele zu erreichen. Empfindet die Widerstände als aufreibend und die Situation bedauerlich. Braucht aus diesen Gründen eine lebhafte Teilnahme der anderen an der eigenen, als wichtig empfundenen Tätigkeit.

UNTEN

UNTEN zweimal 4

Wie Sie gegenwärtig störende Umstände überwinden wollen

Möchte sich zwar von den bedrückenden Belastungen befreien, fühlt sich dann aber verloren, wenn keine Beziehung besteht, die eine zuverlässige Sicherheit gewährleistet.

UNTEN zweimal 5

Wie Sie gegenwärtig störende Umstände überwinden wollen

Ist begeisterungsfähig und besitzt ein Feingefühl für ästhetische Empfindungen. Erwartet vom anderen, daß er begeistert mitgeht, daß er sich einfühlen kann und daß eine feinfühlende und innige Übereinstimmung möglich sei. Traut sich aber nicht, das Gefühl der Sympathie und Begeisterung spontan zum Ausdruck zu bringen. Will durch Aufmerksamkeiten bestätigt werden. Fühlt sich andernfalls rasch verletzt. Beobachtet das Verhalten des anderen prüfend und mit innerer Distanz. Hemmt dadurch die herzliche, spontane Unmittelbarkeit. Wirkt deshalb reserviert und zuweilen eigenwillig. Macht öfters Vorbehalte. Ist wählerisch und hat seinen eigenen Kopf.

Wie Sie gegenwärtig störende Umstände überwinden wollen

Findet die gegenwärtige Situation nicht befriedigend. Empfindet die unangenehmen, mühseligen und ermüdenden Probleme als aufreibend und zermürbend. Weiß, daß es nur eine Durchgangssituation ist, die unbedingt bewältigt werden muß. Will sich durchsetzen und den Anforderungen gewachsen sein. Gibt dem Bedürfnis nach Genuß und Behagen jetzt aber trotzdem nach, um sich in dieser belastenden Situation zu verwöhnen.

UNTEN

5
Wenn RECHTS
zwei gleiche Ziffern vorkommen

FARBE

Gleiche
Ziffer

FORM

Gleiche
Ziffer

RECHTS oben und unten 0

Empfehlung

Ihr Bedürfnis, das Leben mit Engagiertheit und Intensität zu erleben, soll nicht zur Ungeduld führen. Mit Geduld kann man die Eigenart des anderen besser verstehen und auf seine Schwächen Rücksicht nehmen. Eine Situation kann nur durch eine schrittweise Entwicklung wirklich besser werden. Mit verständnisvoller Geduld läßt sich ein ausgewogenes Urteil, eine vernünftige Lösung und damit die beruhigende Zufriedenheit erreichen, die Sie letztlich suchen.

Leitsatz:
Ich will das Ziel mit verständnisvoller Geduld erreichen.

RECHTS oben und unten 1

Empfehlung

Auch wenn Ihnen die eigenen Interessen und Ihr persönliches Anliegen wichtig sind, ist es nötig, mit Geduld und einfühlsamem Verständnis auf den anderen einzugehen, damit Sie ihn so gut verstehen, als wären Sie in seiner Situation.

Andernfalls, wenn Sie seine Gründe nicht genügend kennen, ärgern Sie sich oder werden ungeduldig und unzufrieden. Wenn Sie das Verhalten des anderen als unangenehm oder als verletzend empfinden, ziehen Sie sich innerlich zurück und wenden sich von ihm ab oder möchten am liebsten weglaufen.

Um die fehlende Zufriedenheit und die innere Isoliertheit nicht zu spüren, müssen Sie immer etwas unternehmen. Das macht Sie ruhelos und kann zu Bluthochdruck und Herz-Kreislauf-Belastungen oder Magen-Darm-Beschwerden führen. Sie sollten alles tun, was eine körperliche Entspannung bewirkt und die innere Gelassenheit fördert. Darum sollten Sie sich dem Verweilenkönnen und dem Auskosten von Genüssen hingeben.

Was Sie besonders brauchen, ist das Gefühl der inneren Zufriedenheit, der Zugehörigkeit und vertrauten Verbundenheit.

Leitsatz:

Ich nehme mir Zeit zur Gelassenheit, um einfühlsam zu empfinden und verständnisvoll zu erleben. Ich will die Beziehung aus eigener Initiative so gestalten, daß sie mich befriedigt.

Zweck:

Förderung der Zufriedenheit und Konzentration auf Sinnesempfindungen.

Empfehlung

Wenn Ansprüche eigenwillig und unangemessen sind, stoßen Sie auf Widerstand. Den Widerstand empfinden Sie als beengenden äußeren Druck. Er führt zu einer andauernden Gespanntheit. Diese kann sich körperlich auswirken, beispielsweise als Kopf- oder Rückenschmerzen, als Magen-, Galle- und Darmbeschwerden oder als nächtliches Zähneknirschen. Darum sollten Sie sich entspannen, z. B. durch volles Atmen und durch tägliche Entspannungsübungen.

Verlangen Sie nicht, daß eigenwillige Ansprüche von anderen verstanden und erfüllt werden. Erwarten Sie auch nicht, daß andere ein Verständnis für die beanspruchte Anerkennung haben müssen.

Leitsatz:

Ich verzichte auf unangemessene Ansprüche und brauche keine Bestätigung von anderen.

Zweck:

Förderung der Selbstachtung und der körperlichen Stabilität.

RECHTS oben und unten 3

Empfehlung

Wenn es Sie ärgert, daß Ihre Absicht und die aufgewendete Mühe nicht die erwünschte Wirkung haben, oder wenn es Sie entmutigt und kränkt, daß Sie daran behindert werden, das erhoffte Ziel zu erreichen, dann ist es wichtig, daß Sie vor allem eine innere und, wenn nötig, auch eine äußere Distanz zu der ganzen Angelegenheit schaffen.

Stellen Sie sich vor allem richtig und angemessen auf die gegebene Situation ein. Ändern Sie entweder Ihre Absicht oder wenigstens Ihr Vorgehen.

Damit Sie Ihre eigene Kraft und Fähigkeit spüren, sollen Sie sich erreichbare Ziele setzen. Es ist nützlich, wenn Sie sich fordern und Sport treiben.

Leitsatz:

Ich muß mich darüber nicht ärgern, sondern mich auf das einstellen, was es eben ist.

Zweck:

Förderung des Selbstvertrauens und Kraftübungen.

RECHTS oben und unten 4

Empfehlung

Vermeiden Sie es, sich Grübeleien hinzugeben. Machen Sie sich keine Sorgen über Vergangenes oder über das, was die Zukunft bringen könnte. Bemühen Sie sich ständig, im gegenwärtigen Augenblick zu leben. Machen Sie das Beste aus dieser Gegenwart. Tun Sie alles, was möglich ist, damit die Situation jetzt gut und erfreulich ist. Aus einer guten Gegenwart gestalten Sie die bestmögliche Zukunft.

Bewerten Sie etwas nicht als unsympathisch oder als schlecht, nur weil es anders ist, als Sie es erwarten oder wünschen. Machen Sie sich von keiner Art von Erwartung abhängig.

In dem Maße, wie Sie sich von solchen unbedingten Erwartungen lösen, finden Sie die innere Freiheit, die gerade Ihnen eine wichtige Erleichterung bringt. Sie werden sich wohl fühlen, wenn Sie Ihre Gefühle spontan äußern und unbekümmert und ungehemmt spielerisch tun, was Freude bereitet.

Leitsatz:
Ich bin innerlich frei, unabhängig und heiter.
Zweck:
Förderung der inneren Freiheit und körperliche Lockerung.

RECHTS

RECHTS oben und unten 5

Empfehlung

Wenn Idealvorstellungen nicht erfüllt wurden, sollte das zu keiner andauernden Enttäuschung führen. Ihre Beziehungen leiden sonst unter vorsichtiger Distanziertheit. Durchbrechen Sie Ihre schützende Kontrolliertheit. Äußern Sie Ihre Gefühle spontan, und lassen Sie den anderen Ihre sensible Resonanz spüren.

Leitsatz:
Ich bringe dem anderen Vertrauen entgegen und teile mit ihm meine Gefühle.

RECHTS oben und unten 6

Empfehlung

Sie strengen sich an, um sich als individuelle Persönlichkeit zu verwirklichen. Dabei sollen Sie aber einen Ausgleich zwischen persönlicher Leistung und einer zweckfreien, körperlich erholsamen Behaglichkeit herstellen.

Leitsatz:
Ich darf mich und meine Sache nicht so wichtig nehmen, daß ich mich auf Kosten der erholsamen Behaglichkeit überfordere.

6
Wenn LINKS
zwei gleiche Ziffern vorkommen

FARBE

| Gleiche Ziffer | | |

FORM

| Gleiche Ziffer | | |

LINKS oben und unten 0

Empfehlung

Wenn Sie sich gegenüber der Konfliktsituation abschirmen, dann soll es nur so lange sein, bis Sie geklärt haben, wie die Verhältnisse in Wirklichkeit genau sind, was im schlimmsten Falle eintreten kann und was dagegen unternommen werden muß. Wichtig ist, daß Sie dann unverzüglich oder zum festgelegten Termin mit Entschiedenheit handeln.

LINKS oben und unten 1

Empfehlung

Wenn Sie eine bedrückende Stimmung verspüren, ist es in Ihrer Situation vor allem wichtig, daß Sie nicht darin verharren. Grübeln Sie nicht darüber nach, ob Sie benachteiligt sind, und lassen Sie keine Art von Selbstmitleid aufkommen. Sie sollten auch nicht bloß dem Frieden zuliebe Kompromisse machen. Wichtig für Sie ist, daß Sie unbedingt aktiv sind und die Situation aus eigener Initiative selbst so gestalten, wie Sie es gerne haben möchten.

LINKS oben und unten 2

Empfehlung

Vermeiden Sie, daß eine Distanz gegnüber anderen entsteht, die zu einer inneren Isoliertheit führen könnte. Teilen Sie dem anderen Ihre Gefühle mit. Schließen Sie sich auf, und kommen Sie dem anderen entgegen. Versuchen Sie den anderen so gründlich zu verstehen, daß Sie seine Eigenart akzeptieren können. Vermeiden Sie es, dem anderen Ihre Überlegenheit zu zeigen.

LINKS oben und unten 3

Empfehlung

Es ist Ihnen wichtig, mit Intensität zu erleben und zu spüren, daß Sie eine starke Wirkung erzielen. Sie brauchen den Erfolg, denn er gibt Ihnen Selbstvertrauen. Sie sollten aber nicht, aus Angst, etwas zu verpassen oder zu kurz zu kommen, zuviel auf sich nehmen. Wichtig für Sie ist, daß Sie zuerst in aller Ruhe und Gelassenheit prüfen, ob sich in diesem Falle der ganze Aufwand wirklich lohnt.

Empfehlung

Erwartungsvoll neue Beziehungen zu suchen oder sich ständig neuen Interessen zuzuwenden führt zur Zersplitterung und dient der Ablenkung. Vom Neuen zu erwarten, daß es besser sei, ist ein Fluchtweg und bringt nicht die befriedigende Erfüllung, die Sie suchen. Darum sollten Sie unbefriedigenden Beziehungen und Situationen nicht ausweichen, sondern sich mit Geduld in die Verhältnisse und Erlebnisweise des anderen versetzen. Durch das vertiefte Verständnis kommen Sie zu einer besseren Übereinstimmung und finden die gesuchte Erfüllung. Richten Sie Ihre Vorstellungen und Erwartungen weniger auf die Zukunft, sondern erleben Sie die unmittelbare Gegenwart. Nehmen Sie mit wacher Aufmerksamkeit die Sinneseindrücke wahr, die Sie im Augenblick erleben.

LINKS oben und unten 5

Empfehlung

Aus Faszination für ästhetische, erotische und spirituelle Interessengebiete dürfen die alltäglich notwendigen Erfordernisse nicht zu kurz kommen. Wichtig für Sie ist, daß Sie auch hier die Aufgaben anpacken, sie mit Ausdauer zielstrebig durchsetzen und alles in Ordnung halten.

LINKS oben und unten 6

Empfehlung

Der Wunsch nach Behaglichkeit und nach dem Genuß von Sinnesempfindungen soll der Befriedigung und Erholung dienen. Wenn aber das Bedürfnis entstanden ist, sich zu verwöhnen, und dies zu einer Abhängigkeit geführt hat, dann sollten Sie sich durch körperliche, durch geistige und besonders durch kreative Aktivität den notwendigen Ausweg schaffen.

Was die Lüscher-Farben messen

Niemand kennt die Gründe, warum er diese Farbe lieber mag als jene. Die Entscheidung fällt unbewußt. Ob wir etwas gerne tun oder nicht mögen, unsere Neigungen, Zuneigungen und Vorlieben sind nicht bewußt kalkuliert. Sie entstehen spontan und unbewußt aus unserer Verfassung. Wen wir als Freunde und als Partner haben, was unsere wirklichen Interessen sind, ob wir unseren Beruf mit Freude und Erfolg ausüben, all das ist, so wie auch die Wahl der Farben, unbewußt gesteuert.

Darum ist es möglich, aus der Wahl der speziellen Lüscher-Test-Farben Aussagen mit höchster Exaktheit und Differenziertheit über das Verhalten eines Menschen zu machen. Die vorangegangenen Auswertungen basieren auf dem in 23 Sprachen übersetzten »Klinischen Lüscher-Test«. Die Texte sind ständig überprüft und verfeinert worden. Darum sind sie wörtlich genau zu nehmen. Sie wurden zwar freundlich formuliert, aber eine konzessionslose Klarheit, Genauigkeit und deutliche Verständlichkeit galten als Grundsatz.

Die objektive Bedeutung der Farben

Jede Farbe, die wir wahrnehmen, bewirkt eine bestimmte Sinnesempfindung. So wird etwa die Sinnesempfindung von Rot anders erlebt als die von Blau oder Grün. Das bedeutet aber auch, daß jeder, der eine bestimmte Farbe wahrnimmt, die genau gleiche Sinnesempfindung hat wie jeder andere. Jede Farbe hat deshalb ihre allgemeingültige, objektive Bedeutung.

Die Farbpsychologie beschreibt und definiert die objektive psychologische Bedeutung der einzelnen Farben.

Die subjektive Bedeutung der Farben

Damit keine Mißverständnisse entstehen, sei erwähnt, daß der Farbpsychologie die Aufgabe zukommt, zwei radikal verschiedene Definitionen zu geben, nämlich

① die objektive Bedeutung der Farbempfindung und
② die subjektive, persönliche Einstellung zur Farbempfindung.

Ob jemand eine Farbe sympathisch, gleichgültig oder unsympathisch findet, das ist allein seine persönliche Bewertung. Die persönliche Einstellung zeigt, welches Gefühl er bei einer Farbe hat.

Farben sind allgemeingültige Signale

Wer eine Farbe wahrnimmt, erlebt ihre objektive Bedeutung. Jede Farbe ist daher ein genau bestimmbares emotionales Signal. Es wird unbewußt erlebt. Farbsignale sind somit eine emotionale Sprache, die unbewußt verstanden wird. Sie ist im Gegensatz zur verbalen Sprache erstens allgemeingültig und zweitens eindeutig. Abstrakte Worte hingegen wie Gerechtigkeit, Anstand oder Neurose sind vieldeutig.

Die emotionale Sprache der Farben ist nicht nur eindeutig und allgemeingültig, sondern auch zwingend. Wer eine Farbe wahrnimmt, erlebt – meist unbewußt – gleichzeitig auch ihre emotionale Wirkung.

Rot

Rot, mehr noch Gelbrot, erzeugt von allen Farbempfindungen die stärkste erregende Wirkung. Bei längerem Betrachten von Gelbrot wird die Atmung rascher, Puls und Blutdruck steigen.

Die Sinnesempfindung der Farbe Rot in ihrer physiologisch-objektiven, allgemeingültigen Bedeutung ist Erregung.

Wird die erregende Sinnesempfindung des Rot als lustvoll bejaht, gilt Rot als kraftvolle Stärke. Wer Rot bevorzugt, empfindet es als stimulierend, aktivierend, als Erobern und expansives Begehren. Rot ist Appetit in all seinen Erscheinungsformen, von der brünstigen Liebe bis zur gierigen Bemächtigung. Die Aktivität des Rot ist zielstrebige Energie (En-ergeia), als körperliche Aktivität im Bereich des Sex oder des Sports, als seelische Aktivität, als glühende Begeisterung (die Flammen des Pfingstgeistes auf den Häuptern der Erleuchteten) und als Liebe in der Form der Werbung und Eroberung. Rot repräsentiert die aktive Seite der Macht: die Eroberung. Rot entspricht als Selbstgefühl dem Selbstvertrauen, dem Vertrauen in die eigene Stärke, also in die eigenen Kräfte und Fähigkeiten.

Wir müssen grundsätzlich unterscheiden, daß jede Sinnesempfindung – ob Erregung (Rot) oder Ruhe (Dunkelblau) – stets mit wenigstens zwei Gefühlseinstellungen erlebt werden kann, nämlich als Zuneigung und Lust oder als Abneigung und Unlust. Hat daher jemand eine Abneigung gegen Rot und bereitet es ihm Unlust, dann erlebt er Rot als aufregend, quälend; dann wird es als Bedrohung empfunden; dann bewirkt Rot Überreizung und Ekelgefühl, also das Gegenteil des reizenden Appetits.

So wird der Kinderreim verständlich, der die gegensätzlichen Gefühle für die erregende Sinnesempfindung des Rot beschreibt:

Rot ist die Liebe, rot ist das Blut,
rot ist der Teufel in seiner Wut.

»Rot« ist, wie jeder andere allgemeine Farbname, so umfassend und so ungenau wie zum Beispiel die Bezeichnung »klassische Musik«, die sowohl für das Largo von Händel als auch Ravels Bolero gilt. Ob das Rot rein, gelblich, bläulich oder bräunlich ist, verändert seine psychologische Bedeutung bis ins Gegenteil. Je mehr das Rot zum Braun wird, desto stärker wird die »Erregung« zur »Beruhigung«. Mit bläulichen Rottönen läßt sich aber auch eine ähnliche Stabilität, Kontrolliertheit und Festigkeit wiedergeben, wie sie das reine Grün vermittelt. Wird dem reinen Rot hingegen Gelb beigefügt, ist die Wirkung dieses Orangerots »aufreizend«.

Auch umgekehrt kann mit einer bestimmten grünen Farbe eine ähnliche stimulierende Erregung erzeugt werden, wie sie durch Rot entsteht. Obgleich Maler diese Einsicht selten mit Worten formulieren, mischen sie ihre Farbtöne doch immer so, daß sie, ob Rot oder Blau, ob Grün oder Gelb, den beabsichtigten stimulierenden oder beruhigenden, den stabil beharrenden oder befreiend weiten Charakter ausdrücken.

Die zielstrebige Expansion des leuchtenden Rot entspricht der Form des Dreiecks oder einem auf die Spitze gestellten Quadrat.

230

Blau

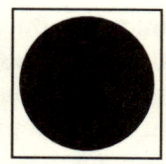

Blau, besonders das dunkle Blau, bewirkt von allen Farbempfindungen die tiefste Beruhigung. Bei längerem Betrachten von Dunkelblau wird die Atmung langsamer, Puls und Blutdruck sinken.

Die Sinnesempfindung der Farbe Blau in ihrer physiologisch-objektiven, allgemeingültigen Bedeutung ist Ruhe.

W. Kandinsky hat recht, wenn er Blau als »konzentrische Bewegung« versteht.

Das dunkle Blau bewirkt eine entspannte Ruhe und Zufriedenheit. Es vermittelt das Gefühl der Befriedigung und unendlichen Harmonie, der Verbundenheit und Geborgenheit. Darum ist der Mantel der Gottesmutter Maria blau.

Blau entspricht als Selbstgefühl der Zufriedenheit und als Verhalten der Einordnung in die unabänderliche Notwendigkeit.

Im Zustand der ruhigen Verbundenheit und absichtslosen Zuwendung ist man für Veränderungen und Unterschiede besonders empfindsam und feinfühlig. Der Gefühlszustand von Blau ist daher Voraussetzung für die subtile Einfühlung, sowohl für das ästhetische Erleben, das Kant als »interesseloses Wohlgefallen« bezeichnet hat, als auch für das besinnliche Nachdenken, die Meditation. Schelling (1775–1854) beschreibt in seiner »Philosophie der Kunst« lauter Blau-Symbole, wenn er sagt: »Die Stille ist der der Schönheit eigentümliche Zustand, wie die Ruhe dem ungestörten Meere.«

Blau ist Symbolfarbe für die zeitlose Ewigkeit und die Harmonie im Zeitablauf, daher die Farbe der Tradition und der Bindung (»Blau ist die Treue«). Probleme der Bindung äußern sich entweder als Anklammerung bei betonter Bevorzugung von Blau oder als Bindungsverlust und depressive Isoliertheit bei Ablehnung des Blau. Novalis hat in seinem Roman »Heinrich von Ofterdingen« die romantische Lebenshaltung im Symbol der blauen Blume ausgedrückt: »Der Himmel war schwarzblau und völlig rein. Was ihn (Heinrich) mit voller Macht anzog, war eine hohe, lichtblaue Blume, die zunächst an der Quelle stand und ihn mit ihren breiten, glänzenden Blättern berührte. Er sah nichts als die blaue Blume und betrachtete sie lange mit unnennbarer Zärtlichkeit.«

Ähnlich Hölderlin in seinem Roman »Hyperion«. Der junge Held erlebt im Blau des Äthers die Einheit mit dem All als ewige Ruhe: »Verloren ins weite Blau, blick ich oft hinauf in den Äther und hinein ins heilige Meer, und mir ist, als öffnet ein verwandter Geist mir die Arme, als löste der Schmerz der Einsamkeit sich auf ins Leben der Gottheit. Eines zu sein mit allem, das ist Leben der Gottheit, das ist der Himmel der Menschen. Eines zu sein mit allem, was lebt, in seliger Selbstvergessenheit wiederzukehren, ins All der Natur, das ist der Gipfel der Gedanken und Freuden, das ist die heilige Bergeshöhe, der Ort der ewigen Ruhe.«

Eines der bekanntesten Gedichte Goethes entspricht dem Blau vollkommen:

»Über allen Gipfeln ist Ruh,
In allen Wipfeln spürest du
kaum einen Hauch;
Die Vögelein schweigen im Walde.
Warte nur, bald ruhest du auch.«

Die vollkommene Einheit, Harmonie und Ruhe des dunklen Blau entsprechen der Form einer dunklen Kreisfläche oder Kugel.

Es wäre falsch, Blau als kalt zu bezeichnen, sofern es nicht grünlich ist. Blau ist ruhig, aber nicht kalt; sowenig wie ein ruhiger Mensch kühl zu sein braucht.

Grün

Grün, besonders wenn es eher dunkel und bläulich ist wie Tannengrün, wirkt stabil, fest, beharrend und konstant. Grün besitzt keine nach außen wirkende kinetische Energie wie Orangerot, sondern eine in sich gestaute, potentielle Energie. Sie ruht aber nicht im eigentlichen Sinn, sondern sie vollzieht sich in sich selbst als inneres, konzentrisches Spannungsgefüge. Es erscheint nach außen statisch. Zwar schreibt Kandinsky: »Passivität ist die charaktervollste Eigenschaft des absoluten Grüns«, doch verwechselt er hier offensichtlich, wie auch mancher andere, passiv mit statisch.

Wie bei jeder anderen Grundfarbe, variiert auch bei Grün die Bedeutung der Farbe, wenn sich der Farbton ändert. Ein reines, gesättigtes Grün beispielsweise hat eine ähnlich erregende Wirkung wie reines Rot.

Je mehr verdunkelndes Blau dem Grün zugefügt wird, desto fester, »kälter«, gespannter, härter und widerstandskräftiger ist die psychologische Wirkung der Farbe.

Ähnlich wie die Moleküle in einem festen Körper ein Spannungsgefüge bilden, das man von außen nicht sieht, so bilden auch in jedem Menschen die selbstbezogenen, konzentrischen Gefühle ein Spannungsgefüge. Es ist die Einstellung des Menschen zu sich selbst. Sie bildet sein »Ich«, sein »Selbstwertgefühl«. Grün wirkt stabil und konstant. Er repräsentiert damit die festen, also geltenden Werte. Grün, das eher dunkel und bläulich ist, entspricht einem Menschen, der den inneren und äußeren Anfechtungen trotzt, der zu seiner Überzeugung steht und daher eine stabile Selbstachtung besitzt. Für ihn gilt der Leitsatz »Noblesse oblige« oder »Tue recht und scheue niemand«.

Stabilität der Überzeugung und ethische Integrität sind die echten Gründe der Selbstachtung, Anerkennung und moralischen Geltung. Geltung, als Ansehen und Würde, als statische Seite der Macht, als Eigentum und als dominiertes Revier, ist die psychologische Bedeutung von Grün.

Wo die innere Stabilität des Grün und damit die Integrität, Würde und Geltung fehlen, werden sie mit dem äußeren Schein, mit dem Gehabe der Würde, mit materieller oder geistiger Protzerei vorgespielt. Prestige wird zur Pose. Der Geltungsbedürftige bedient sich der Statussymbole, um den Anschein von Geltung vorzutäuschen. Er setzt sich ins Rampenlicht; er richtet die Scheinwerfer auf sich; er mimt Stabilität, Größe, Würde und Prestige. Wem die echte Selbstachtung, die innere Stabilität des Grün abgeht, opfert einen Großteil seines Lebens seinem Geltungsbedürfnis, seinem Drang nach Bestätigung und Prestige.

Die Stabilität, Festigkeit und statische Beharrung sowie räumliche Enge der Farbe Grün entsprechen der Form des Rechtecks oder des Würfels.

Gelb

Gelb, besonders das reine Gelb, ist die hellste bunte Farbe. Die Farbe Gelb erscheint ähnlich wie die Sonne hell und leuchtend. Gelb wirkt leicht, strahlend, anregend und daher wärmend.

Gelb ist diejenige Farbe, die das Licht, das auf eine Oberfläche trifft, am stärksten reflektiert. Darum wirken gelbes Licht und die gelbe Farbe, als ob sie über die Oberfläche gleiten.

Dem Gelb geht die verinnerlichte und geheimnisvolle Tiefe der dunklen Farben ab. Die Oberflächenhaftigkeit ist für Gelb in vieler Hinsicht charakteristisch.

Gelb entspricht dem Gefühl der freien Entfaltung. Darum wird Gelb von Menschen bevorzugt, die aus dem Gefühl der Selbstentfaltung veränderte, freie Verhältnisse suchen (Fernweh, weite Reisen, Fliegen).

Gelb bedeutet Lösung, als Veränderung und Entfaltung, als Befreiung, als räumliche Weite und äußert sich als Suchen nach Neuem.

Gelb ist somit Gegensatz zum Grün, das Stabilität, Festigkeit, räumliche Enge und Beharrung ausdrückt. Weil Gelb das Gefühl der Veränderung und Entfaltung, der Befreiung und Erleichterung vermittelt, gilt es auch als Farbe der Erleuchtung und Erlösung. Sinngemäß ist die Aureole um das Haupt des Erlösers Christus gelb.

Goethes »Musensohn« fühlt sich offenbar in einer unbekümmert heiteren, also gelben Stimmung:

»Durch Feld und Wald zu schweifen
Mein Liedchen wegzupfeifen,
So geht's von Ort zu Ort!
Und nach dem Takte reget,
Und nach dem Maß beweget
Sich alles an mir fort.«

Die Form des Gelb entspricht dem sich ausweitenden
Kreise oder einem Strahlenkranz, wie zum Beispiel am
Haupt der Freiheitsstatue in New York.

Violett

Violett entsteht durch Mischung von Rot und Blau.
Rot ist der Impuls zu erobern und zu erleben. Seine
Befriedigung erfüllt sich im Blau.
Rot will durch kämpfende Eroberung zur Übereinstimmung und Einheit gelangen. Blau hingegen will durch
friedliche Hingabe die Übereinstimmung und Einheit
erreichen. Beide Wege über Rot und Blau haben die
Übereinstimmung, die Identifikation, die Verschmelzung zum Ziel.
Beide Farben, Rot und Blau, überschreiten dabei ihre
Grenzen und gehen eine Verwandlung ein. Violett bedeutet daher: grenzüberschreitende Verwandlung.
Der rote Weg ist der autonome, der autoritäre, patriarchalische des Nehmens. Der blaue Weg ist der heteronome, der Anpassung und des Gebens. »Männliches«
Rot und »weibliches« Blau mischen sich zum geschlechtslosen Violett. Kinder auf der ganzen Welt, solange sie noch vor der Pubertät stehen, bevorzugen zu
wenigstens 75 % Violettrot; debile, »kindische« Kinder
sogar zu 85 %. Homosexuelle – in Frankreich »les violets« genannt – und Frauen während der Schwangerschaft wählen statistisch signifikant lieber Violett.
Violett, die Farbe zwischen Rot und Blau, ist die Farbe
des Übergangs. Es überschreitet die Grenze vom eigenen
vertrauten Bereich in einen geheimnisvollen unvertrauten. Es sehnt sich nach dem anderen. Darum bedeutet
Violett Verwandlung, Grenzüberschreitung in eine andere Welt, wo andere spirituelle Werte gelten.
Violett ist die Verschmelzung und Vereinigung der Gegensätze, die »coincidentia oppositorum«, und daher

auch die Farbe der Spiritualität, der Mystik, die Farbe der Magie, des Zaubers und des erotischen Charmes. Violett ist Faszination durch die »participation mystique«, die magische Verwandlung, die Lévy-Bruhl bei primitiven Stammesreligionen gefunden hat und die wir als Suggestibilität bei kindlich unkritischen Menschen feststellen können. Das oszillierende Hin und Her zwischen Rot und Blau, zwischen impulsivem Wollen und behutsamer Empfindsamkeit heißt Sensibilität. Darum umfaßt Violett auch die Bedeutung der sensiblen Faszination (zum Beispiel Schmuck) und aller Erotik.

Ebenso wie die Kinder bevorzugt auch die soziale Unterschicht Violett signifikant häufiger, was deren suggestible Faszinationsbereitschaft und Verführbarkeit bestätigt. Umgekehrt lehnt die soziale Oberschicht Violett signifikant ab und dokumentiert damit eine höhere »Differenzierung und kritische Distanzierung«.

Violett entsteht aus Rot (seine Form: auf der Spitze stehendes Quadrat) und Blau (seine Form: Kreis). Darum entspricht die Form des hellen Violett einem auf einer Ecke stehenden Quadrat, dessen vier Seitenlinien halbkreisförmig nach innen gebogen sind.

Braun

Braun entsteht, wenn dem Orange eine dunkle Farbe beigemischt und seine Leuchtkraft dadurch »gebrochen« wird. Mit der Leuchtkraft wird auch die impulsive Vitalkraft des Orangerot gebrochen. Durch die Verdunkelung zum Braun wird die Kraft des Rot gedämpft und seine Aktivität aufgehoben. Anstelle der aktiven Vitalkraft von Rot ist bei Braun ein passiver Vitalzustand getreten.

Braun entspricht deshalb dem passiven leiblich-sinnlichen Empfinden des eigenen Körpers. Bevorzugung, Gleichgültigkeit oder Ablehnung von Braun gibt daher Auskunft über die Einstellung zum eigenen Leib.

Ein starkes Bedürfnis nach Braun haben Menschen, die wegen ausweglos scheinenden Konflikten ihre Problemspannungen verdrängen wollen. Es sind Menschen, die Erholung von erschöpfendem Streß benötigen, aber auch solche, die rationale Klarheit und Entscheidungen fliehen und Zuflucht in sexueller Betäubung oder anderer leiblicher Befriedigung und in banaler Behaglichkeit suchen. Die Grundbedeutung von Braun heißt: behagliche Gemütlichkeit und sinnlich-leibliche Befriedigung. Die Farbe Braun wird wegen ihrer warmen Behaglichkeit vielfach für die Inneneinrichtung bevorzugt. Häufig treten braune Farbtöne auch während der kühlen Jahreszeiten als Herbst- und Wintermode auf.

Die Landbevölkerung hat ebenfalls eine statistisch faßbar größere Zuneigung zu Braun. Abgelehnt wird Braun von den Menschen, die sich, vom Geltungsehrgeiz getrieben, als individuelle Persönlichkeit hervortun und »prominent« aus dem Kollektiv herausheben wollen.

240

Sie stellen die Bedürfnisse nach leiblicher Behaglichkeit, nach Erholung, Schlaf und Sinnesgenuß hinten an und befriedigen diese nur, sofern ihre ehrgeizigen Ziele es zulassen.

Braun als spannungsfreie, sinnlich-behagliche Farbe ist konzentrisch und entspricht den weichen, eher unbestimmten, rundlichen Formen, die sich amöben- und moluskenartig anschmiegen.

Grau

Grau, besonders wenn es in der Mitte von hell und dunkel liegt, zeichnet sich durch Negationen aus. Es ist weder farbig und weder hell noch dunkel. Grau ist nichts von allem, was charakteristisch wäre. Das ist der Charakter des Grau. Die vollkommene Neutralität ist seine Besonderheit.

Grau ist weder erregend noch beruhigend; es vermittelt weder Spannung noch Lösung; es ist weder nach innen noch nach außen gerichtet. Grau stellt überhaupt keinen Lebensbereich dar. Grau ist nur Grenze und kein belebtes Territorium. Grau ist Niemandsland, ist Grenze als Kontur, als abstrakte Teilung von Gegensätzen.

Grau bedeutet daher Trennung, Distanz. Wer Grau bevorzugt, will sich distanzieren. Er will sich abschirmen, entweder weil er sich den Einflüssen nicht mehr aussetzen möchte oder aber, weil er seine Absichten, seine Gefühle und Gedanken verbergen will.

Bei starker Ermüdung und in der Examenszeit, wo man sich überfordert oder überreizt fühlt und sich gerne gegen diese unangenehme Situation abschirmen möchte, wird Grau signifikant bevorzugt. Aber auch wer sich ausgeglichen und vornehm distanziert gibt, drückt seine Haltung durch die Wahl von Grau aus (»die graue Eminenz«).

Umgekehrt lehnen jene Menschen Grau als langweilige Farbe ab, die sich aus Gier engagieren, sich involvieren und glauben, zu kurz zu kommen, wenn sie nicht überall dabei sein und mitreden können.

Grau ist Grenze zwischen gegensätzlichen, zwischen vertrauten und fremden, zwischen bejahten und ver-

242

neinten Lebensbereichen, zwischen Hoffnung und Enttäuschung oder Verzicht.

Die verschiedenen Grauabstufungen vom hellsten, lebhaftesten bis zum dunkelsten, dem ruhigsten Grau erzeugen verschieden starke Erregungsreize. Die Stufe in der Grauleiter zwischen hell und dunkel, die jemand bevorzugt, entspricht vermutlich der Tonuslage und Steuerung seines Wachzentrums in der Formatio reticularis des Hirnstammes. Die bevorzugte Graustufe zeigt somit sein aktuelles psycho-energetisches Niveau an.

Bei allen unbunten Farben, besonders bei Grau, fehlt der Bezug zu einem objektbestimmten, affektiven Lebens- und Erlebnisbereich. Darum ist die Beziehung, die ein Mensch zu Grau und seinem Helligkeitsgrad hat, besonders aufschlußreich über seine subjektive, innere Gestimmtheit. Sie zeigt seine psychische Ausgangslage und emotionale Grunddisposition.

Grau ist absolute Neutralität. Daher steht es auch formal in der Mitte zwischen den beiden absoluten Grundformen, dem Quadrat und dem Kreis. Grau entspricht daher der Form des wabenförmigen Sechsecks.

Schwarz

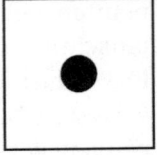

Schwarz ist die dunkelste aller Farben. (Auch Schwarz und Weiß sind Farben. Zwar »unbunte« Farben, aber selbstverständlich Farben; sogar die Urfarben, wie die Anthropologen B. Berlin und P. Kay von der Universität Berkeley in Kalifornien 1969 nachgewiesen haben. Sie untersuchten alle 98 ihnen zugänglichen Sprachen und fanden, daß selbst bei der primitivsten für Weiß und Schwarz Begriffe bestehen. Sprachen, die noch einen dritten Farbnamen kennen, bezeichnen dabei immer Rot. Differenziertere Sprachen unterscheiden – an vierter und fünfter Stelle – wechselweise Grün und Gelb. An sechster Stelle folgt immer Blau, an siebter Braun, an achter wechselweise Purpur, Rosa, Orange oder Grau.)

Den unbunten Farben Schwarz und Weiß ist gemeinsam, daß beide ein Maximum darstellen, Schwarz an Dunkelheit, Weiß an Helligkeit.

Bei Schwarz ist alles Licht aufgehoben und damit auch jede Möglichkeit, daß etwas gegenständlich, also positiv, erscheine.

Schwarz ist Gegensatz zu allem Positiven. Schwarz entspricht der absoluten Negation, dem unbedingten Nein. Mit Schwarz kann sich daher auch der Wille zur Vernichtung des Bestehenden äußern. Die schwarze Negation tritt als Opposition auf und ebenso als autoritärer Zwang gegen jede andere Meinung und Lebensweise.

Schwarz war immer wieder die Farbe der anarchistischen Opposition oder der forcierten, zwingenden Machtansprüche. Das Unbedingte, Endgültige als zwingender Machtanspruch ist der gemeinsame Nenner für

Schwarz. Er äußert sich in so verschieden scheinenden Lebensbereichen wie Schwarz als Farbe des Todes, als Farbe des feierlichen Ernstes, als Priesterkleidung und als Reizwäsche.

Weiß

Weiß ist die hellste aller Farben. Der Erregungsreiz ist so stark, daß Weiß als blendend empfunden werden kann. Die extrem gegensätzlichen, unbunten Farben Schwarz und Weiß spiegeln die Extremwerte der Verneinung (Schwarz) und Bejahung (Weiß) wider, daher das »Schwarz-Weiß-Urteil«. Die Entscheidung über »fight or flight«, über aggressive Vernichtung (Schwarz) oder Flucht in die Weite (Weiß) fällt nicht im Großhirn, sondern im phylogenetisch früher angelegten limbischen System des Riechhirns (Rhinencephalon).

Schwarz und Weiß werden bei krisenhafter Zuspitzung eines Konfliktes, besonders im Pubertätsalter, als Farbkombination bevorzugt. Unter einem solchen Konfliktdruck bedeutet die Wahl von Weiß »Flucht in die Weite« und zeigt den Drang, sich zu befreien. Weiß bedeutet aber auch sonst in allen Fällen: Freiheit, sowohl die Freiheit von allem Behindernden als auch die Freiheit für alle Möglichkeiten. Weiß ist somit »Tabula rasa«, der reine Tisch, die Bereinigung für einen neuen Anfang.

Darum ist Weiß dann die Farbe des leiblichen Todes, wenn er als Anfang einer neuen Verkörperung oder als Eintritt ins Nirwana verstanden wird.

Weiß ist auch Freiheit von moralischem Makel, daher Symbolfarbe sowohl der Reinheit (Brautkleid) und Sauberkeit (Waschmittelwerbung) als auch der Wahrheit (das Weißbuch) und der Unschuld (zum Beispiel nach katholischer Liturgie ist Weiß die Farbe der Heiligen, der Sakramenterteilung und der feierlichen Weihen). Als Ausdruck von Unschuld und Aufrichtigkeit ist auch die weiße Flagge zu verstehen, die im Krieg als Zeichen der Kapitulation und Übergabe gilt. Nach der liturgischen Anordnung von Papst Pius V. für die abendländische katholische Kirche ist Weiß die Farbe für Gottvater und für Christus, der sich »das Licht der Welt« nannte.

Die Formen

Auch Formen haben ihre objektive Bedeutung. Sie besteht in der Sinnesempfindung, die jeder in gleicher Weise hat, wenn er zum Beispiel ein Quadrat oder einen Kreis sieht.

Die Bevorzugung oder Ablehnung einer Form zeigt, welche Einstellung man zu dieser Sinnesempfindung hat. Ebenso wie bei den Farben kann daraus das persönliche Gefühl erkannt werden. Bevorzugte Formen offenbaren, welche Absichten man hat und welche Situationen man sich wünscht. Die abgelehnten Formen lassen erkennen, welche Situationen man vermeidet und nicht erleben möchte.

Die Bedeutung der Farben im Vergleich mit den Formen

Farben messen andere emotionale Bereiche als Formen. Solange man eine Farbe wahrnimmt (zum Beispiel Dunkelblau), dauert die Empfindung an. Wenn man eine einfache Form sieht (zum Beispiel eine dunkle Kreisfläche), ist sie rasch empfunden und erkannt. Formen erzeugen eine schnelle Information über eine Sinnesempfindung. Farben hingegen erzeugen einen andauernden Empfindungsverlauf. Farben entsprechen Bedürfnissen, Formen den Absichten.

Die Wahl der Farben und die Wahl der Formen können sich – ähnlich wie »Herz und Verstand« – entsprechen oder widersprechen.

Es ist ein ergreifendes Erlebnis zu sehen, wie bei vielen Menschen die Ziffern der bevorzugten Farben und der bevorzugten Formen übereinstimmen und daß auch die Ziffern der abgelehnten Farben und Formen gleich sind. Es gibt Tausende von Farben und zahllos viele Formen. Wie kommt es, daß jemand unter sieben bestimmten Farben und sieben bestimmten Formen die gleiche Wahl trifft, obgleich ihm die Bedeutung der Farben und die Bedeutung der Formen nicht bewußt sind? Das zeigt nicht nur, wie genau die Farbdiagnostik den psychischen Zustand in verschiedenen Bereichen zu messen vermag, sondern auch, daß es möglich ist, das unbewußte, aber an sich einfache Funktionieren der Psyche genau zu erkennen. Die ausführliche Erläuterung dazu enthält mein Buch *Das Harmoniegesetz in uns* (Düsseldorf [6]1993).

Der Klinische Lüscher-Test

Der »Klinische Lüscher-Farbtest« (L.T.) ermöglicht die Einsicht in verschiedene Bereiche der Persönlichkeit, zum Beispiel Aktivität, Willenssteuerung, Belastbarkeit, Genuß- und Regenerationsfähigkeit, Partnerbeziehung, Zukunftserwartung, Art der Konflikttendenzen und der Streßbelastungen. Bestimmte Arten von chronischem Streß, zum Beispiel Ängstlichkeit, Ruhelosigkeit, Ärger oder Depressionen belasten bestimmte Funktionssysteme und können schließlich zu funktionellen Erkrankungen führen. Daher dient der L.T. insbesondere auch zur Messung des psychisch-somatischen Befindens. Da der L.T. ein ganzheitliches System ist, kann aus seiner Diagnosestruktur die Therapiestruktur abgeleitet und die Therapiemaßnahme festgelegt werden.

Die Auswertungen sind in Tabellen vollständig objektiviert. Die 781 Auswertungstexte sind auf Diskette gespeichert und ergeben pro Test etwa 5 Seiten. Eine persönliche Interpretation ist nicht erwünscht. Informationen über den »Klinischen Lüscher-Test« und die dazu gehörenden Auswertungstabellen und über Farbblätter für eine einmalige Testauswertung sind zu erhalten über:

COLOR-TEST VERLAG AG,

P.F. 3965, CH-6002 LUZERN

Während des Testvorgangs erfolgen die einzelnen Farbwahlen etwa innerhalb einer Sekunde. Die Sympathie oder Abneigung gegenüber einer bestimmten Farbe geschieht spontan und unreflektiert.

Der L.T. ist somit nonverbal und nicht kognitiv. Er ist weder von Wissen, Bildung oder Denkinhalten abhängig, ebensowenig von einem bestimmten Rollenbewußtsein. Ob die Testperson männlich oder weiblich, jung oder alt ist, ist daher völlig egal. Denn eines haben alle Erfahrungen der letzten fünfzig Jahre gezeigt: Die Emotionalität, die der L.T. mißt, weist keinen Geschlechtsunterschied auf.

Er unterscheidet sich von anderen in der Psychologie verwendeten Testverfahren auch darin, daß er die Reaktion der Versuchsperson ohne die Fremdeinflüsse eines Versuchsleiters mißt. Die Ergebnisse der Farbwahlen können statistisch leicht verarbeitet werden.

Es ist falsch, den L.T. als »projektiven Test« zu klassifizieren. Bei projektiven Tests, wie beispielsweise den Klecksbildern des Rorschach-Tests, phantasiert und assoziiert die Versuchsperson. Diese Antworten versucht man auszudeuten. Beim L.T. hingegen werden Farben gewählt. Die Versuchsperson phantasiert nicht, und sie wird nicht nach Assoziationen gefragt. Sollten solche jemals auftreten, werden sie als irrelevant ignoriert.

Der L.T. basiert auf der Strukturellen Funktionspsychologie. Sie ist die bisher einzige, logisch begründete und definierte psychologische Methode. Die Funktionspsychologie ist in meinem Buch *Das Harmoniegesetz in uns* (Düsseldorf, [6]1993) dargestellt. Sie unterscheidet sich damit von der psychiatrischen, beschreibenden Terminologie (beispielsweise Schizophrenie, Neurose oder Klaustrophobie) und der psychologischen Terminologie, die körperlich-räumliche und deshalb inadäquate Begriffe benützt wie etwa introvertiert/extravertiert, Über-Ich, Unterbewußtsein, Schichten der Persönlichkeit oder symbolische Wörter wie oral, anal, narzißtisch, Eltern-Ich, Anima oder Schatten.

Der L.T. ist nach den Ergebnissen von M. Austin (Diss. 1980 Medical School, Yale University, USA) der bisher einzige Test, der eine psychisch-somatisch signifikante Korrelation ergibt, und bei dem das Ergebnis der Blutuntersuchung mit dem Resultat der Farbenwahl übereinstimmt.

Reliabilität:
Der L.T. besteht aus einer Reihe von 8 voneinander
unabhängigen Einzeltests (Graustufen mit 60 Variablen;
8-Farben-Test mit 224 Variablen; Formen mit 210 Variablen; 4 Grundfarben mit 24; Blautöne mit 24; Grüntöne
mit 24, Rottöne mit 24; Gelbtöne mit 24 Variablen).
Jeder von diesen Tests mißt einen anderen Persönlich-
keitsbereich. Alle 8 Einzeltests werden miteinander ver-
rechnet.
Die Analyse des Querschnitts definiert das Verhalten in
den 8 Bereichen (z. B. Grün: Willenssteuerung und Belastbarkeit; Rot: Aktivität und Streßverhalten; 8-Farben-
Test: reaktives Verhalten auf die Körper- und Umwelt-
bedingungen; Graustufen: aktueller Zustand der Grundstimmung). Unter den 8 Tests zeigt die Grauwahl Ände-
rungen der Gestimmtheit. Falls in der Grundstimmung
eine Änderung eintritt, entspricht sie dem tatsächlichen
aktuellen Zustand und erfüllt damit – ähnlich wie bei
der Messung des Blutdrucks – die Kriterien der Reliabilität und Validität.
Für die Psychosomatik ist jedoch besonders die Längs-
schnittanalyse maßgebend, da sie die psychische Grund-
struktur wiedergibt. Sie hat eine hohe Konstanz. Mehrere
Untersuchungen an psychosomatischen Kliniken haben
gezeigt, daß psychotherapeutische Behandlungen meist
keine Änderung dieser Resultate zur Folge haben.
Die hohe Reliabilität wurde durch die statistischen Untersuchungen von J. Scott an 800 männlichen und weib-
lichen Testpersonen nachgewiesen (»The Lüscher-Co-
lour-Personality-Test – A Statistical Evaluation«, Lon-
don 1966. Siehe Tabellen im Klinischen Lüscher-Test
S. 61 bis 84).
Der L.T. mißt, wie H. Wohlfahrt mit den Untersuchungen an der Alberta Universität, Canada, festgestellt hat,
den psychovegetativen Zustand des autonomen Nerven-
systems und damit die vegetativ gesteuerte Emotionalität des Menschen innerhalb verschiedener Persönlich-

252

keitsbereiche (H. Wohlfahrt: »Psychophysische Auswertung der Versuche zur Bestimmung eines evtl. Effektes von Farbstimuli auf das autonome Nervensystem im Lüscher-Test«. Psychotherapie 2, Seite 86. 1957).
Der Klinische Lüscher-Test ist aus diesen Gründen eine psychodiagnostische Methode, die auch für psychosomatische Untersuchung besonders geeignet ist. Die physiologische Bedeutung der Test-Farben ist in Tabellen definiert.

MAX LÜSCHER

Das Harmoniegesetz in uns
– Ein neuer Weg zu innerem Gleichgewicht und sinnerfülltem Leben –

224 Seiten, gebunden, mit Schutzumschlag

Die Frage nach dem Sinn des eigenen persönlichen Lebens ist nach Auffassung des Schweizer Psychologen Max Lüscher entscheidend für inneres Gleichgewicht und Erfüllung im Leben. Ohne eine Antwort auf diese Frage, so schreibt Lüscher, kann das Leben zu einer »Irrfahrt ohne Kompaß« werden. Der Psychologe gibt in seinem Buch keine pauschale Antwort auf diese »dringlichste aller Fragen«, wie Albert Camus sie genannt hat. Schritt für Schritt begleitet er vielmehr den Leser auf einem Weg, der zum Verstehen und Begreifen der Funktion der eigenen Psyche führt.

Diese Funktions-Psychologie – der Begriff, den Lüscher für sein Verfahren entwickelt hat – hilft, eine seelische Situation richtig zu verstehen, richtig zu beurteilen und richtig zu handeln.

Lüscher erläutert die vier Grundformen von Angst und Depression sowie die vier Grundformen der Illusionen, die nach seiner Darstellung voneinander abhängig sind und sich gegenseitig verursachen. Die Balance zwischen Depression und Illusion in einem Menschen kann erst zu einem ausgeglichenen Leben führen. Die Funktions-Psychologie vermittelt die Einsicht in die seelischen Vorgänge und hilft, sie durch Verstehen zu meistern.

ECON Verlag · Postfach 30 03 21 · 40403 Düsseldorf

MAX LÜSCHER

Der 4 Farben Mensch
Der Weg zum inneren Gleichgewicht

232 Seiten mit Skizze, 2 Farbtafeln, Lüscher-Farbscheibe, gebunden, mit Schutzumschlag

Lüschers Farbskala des Charakters in völlig überarbeiterter Neuausgabe: Ein Schlüssel zur besseren Bewältigung des Alltags, humorvoll im Text, exakt in den Ergebnissen – mit der Lüscher-Farbscheibe.

Die Harmonie im Team
Kommunikation durch Umkehr-Denken

112 Seiten, mit zahlr. Graphiken, gebunden, mit Schutzumschlag

Für den Erfolg jedes Unternehmens ist die harmonische Ausgewogenenheit im Arbeitsteam von entscheidender Bedeutung. Lüscher stellt das Unternehmen als ganzheitliches Regulationssystem psycho-logisch dar. Er zeigt, wie man die »innere Kündigung« vermeidet und die Organisation des Ganzen mit der Motivation des einzelnen in Einklang bringt.

Die Lüscher-Würfel
Zur Selbsterfahrung und Persönlichkeitsentwicklung mit 6 farbigen Testwürfeln, Originalausgabe

272 Seiten, mit Schuber, gebunden, mit Schutzumschlag

Ein Testprogramm, das es dem Benutzer durch das Spiel mit den Würfeln jederzeit erlaubt, Verhaltensweisen und Stimmungen genau zu analysieren.

ECON Verlag · Postfach 30 03 21 · 40403 Düsseldorf

MAX LÜSCHER

Signale der Persönlichkeit
Rollen-Spiele und ihre Motive

224 Seiten, gebunden, mit Schutzumschlag

Stärker als mit Worten geben wir mit Signalen zu verstehen, wie wir eingeschätzt werden möchten. Diese halb unbewußte, halb absichtliche Signalsprache lesen zu lernen heißt, andere besser beurteilen und sich selbst von falschem Rollenverhalten befreien zu können. Nach der Methode der Funktionspsychologie entwickelt Max Lüscher ein alltagsnahes System, mit dem wir genaue Erkenntnisse über uns und andere gewinnen können.

ECON Verlag · Postfach 30 03 21 · 40403 Düsseldorf